Gestatten,
ich heiß' Lohengrin …

Johanna von Koczian

Gestatten, ich heiß' Lohengrin ...

Freche Opernparodien

Doblinger

Satz, Layout & Druck: Doblinger Wien
Druck Umschlag: Plöchl, Freistadt
Cover und Illustrationen: Kurt Kramer

für meinen Mann

ISBN 3-900695-47-4
ISMN M-012-19016-5
Verlagsnummer D. 19 016
Bestellnummer 09 683

Inhalt

Vorwort

Wenn eine Berliner Schauspielerin zwar auch eine Kinderbuchautorin mit Zweitwohnsitz in Spanien ist, aber eigentlich eine österreichische Baronin aus Prag, die in Salzburg aufgewachsen ist und nunmehr im Tessin wohnt, wo sie zwischen einer Filmpremiere und einer Theaterpremiere schnell einen historischen Roman schreibt, darf mit einer weiteren Überraschung gerechnet werden.

Hier ist sie.

Ich werde mich hier nicht um ein besonders originelles Vorwort bemühen, dieses Buch ist originell genug. Ich erzähle Ihnen, wie es dazu gekommen ist.

Johanna von Koczian hatte Premiere, und ich war der Regisseur. Erfolge schaffen gute Stimmung, das Stück wurde wiederaufgenommen und ich bin, einspringend, in einer Rolle meiner Inszenierung nun jeden Abend mit Johanna von Koczian auf der Bühne gestanden. Da spricht man vorher und in der Pause und nachher beim Wein über alles Mögliche, aber natürlich immer wieder und vor allem über Theater. Und da ist es herausgekommen – Frau von Koczian liebt die Oper. Sie habe auch schon einmal ein Gedicht zum Thema verfertigt, hat sie nebenher berichtet, eine Art Parodie. Damit war die erste Lesung dieser nächsten Seiten beschlossene Sache, im Foyer des Theaters im Kreise der Kollegen. Der ersten Lesung folgte eine zweite, dritte, vierte. Und immer wieder hat die Autorin verändert, verbessert, weitergeschrieben.

Dieses Buch eignet sich als Opernführer, als Geschenk, zum lauten Vorlesen und leisen Selberlesen, zur Vervollständigung von Opernprogrammheften und Leseprogrammen.

Und mit der Moral am Ende der jeweiligen wissenschaftlichen Auseinandersetzung wird dieses Werk vollends zum sogenannten Erbauungsbuch.

Viel Vergnügen!

Gerhard Tötschinger

Lohengrin

Lohengrin

Die Handlung – das ist angenehm –
steht zur Musik nicht im Extrem.
Weil Richard Wagner beides ist:
der Dichter und der Komponist.
Das ist bei Opern ziemlich neu,
weshalb drauf hingewiesen sei.
Drei Akte sind hier vorgesehn,
man sollte – will man sie verstehn –
zuvor das Textbuch gut studieren,
um nicht den Faden zu verlieren.

Der erste spielt auf freiem Felde,
nah bei Antwerpen an der Schelde.
Versammelt sind die Rittersleut –
der König hält Gerichtstag heut.
Als Angeklagte ist benannt
die schöne Elsa von Brabant.
Sie hat – so lautet der Verdacht –
den kleinen Bruder umgebracht.
Doch irgendwas klingt daran schief –
es fehlt ja auch das Mordmotiv.
Der Knabe ist im Wald verschwunden
und wurde dann nicht mehr gefunden.
Als Kläger stehn im Vordergrund
die Ortrud und der Telramund.

Die Frau, das ist ein böses Weib,
frönt Hexenkunst zum Zeitvertreib.
Sie hoffen, weil sie ihr nichts gönnen,
dass sie der Elsa schaden können.

Der König ruft bedeutungsvoll,
dass Elsa jetzt erscheinen soll.
«Wer ist bereit von all den Leuten
für Elsas Ehre nun zu streiten,

die der Verdacht ihr da geraubt? –
Falls man an ihre Unschuld glaubt!»

Man lässt die junge Fürstin holen –
und alle murmeln hier verstohlen:
«Seht nur, sie ist so hold und rein –
man kann sie nicht des Mordes zeih'n!
Ihr ist – man muss sie einfach lieben –
die Unschuld ins Gesicht geschrieben.

Doch fordert nun Graf Telramund
den Schuldbeweis zur selben Stund'.
Ein Zweikampf soll den Fall entscheiden –
und, wer verliert, den Tod erleiden.

Der König fragt – denn es bleibt still –,
ob sich kein Ritter melden will.
Es kann doch kein Problem bereiten,
für Elsas Sache hier zu streiten.
Doch wird die Hoffnung schnell gedämpft,
weil niemand für die Fürstin kämpft,
obwohl der König für sie spricht. –
Die Mannen rühr'n sich einfach nicht.

Und Elsa singt nun weltentrückt
von einem Traum, der sie entzückt.
Es hebt jetzt eine Arie an
von einem edlen Rittersmann.
Steht sie auch ohne Schutz allein,
soll dieser nun ihr Streiter sein.
Ein Gottesurteil wird verlangt.
Man wartet, während Elsa bangt.
Voll Eifer bläst der Herold schnell
in die Trompete laut und grell.

Lohengrin

Weit schallt es über das Gefilde,
die Männer schlagen auf die Schilde.
Umsonst ertönte das Signal,
der Herold bläst ein zweites Mal,
dass sich ein Ritter melden solle,
der hier für Elsa kämpfen wolle.

Da! – durch die Menge geht ein Raunen –
«Ein Wunder!», heißt es. – Alle staunen.
Auf der Schelde schwimmt ein Schwan,
an gold'ner Kette einen Kahn.
Ein Ritter wird darin gesichtet,
von stolzem Wuchs, hoch aufgerichtet.
Im Auge glänzt ein edles Feuer,
die Rüstung, die er trägt, war teuer.
Auf einen Blick erkennt man glatt,
dass man den Helden vor sich hat.
Man grüßt den gottgesandten Mann,
und der fängt gleich zu singen an:

«Nun sei bedankt, mein lieber Schwan,
schön war die Fahrt mit diesem Kahn!»
Man sieht, wenn diese Arie endet,
dass sich das Tier zur Umkehr wendet.

Damit die Hintergründe klar,
sei hier erwähnt, was Sache war.
Zwar wird man später informiert,
doch sei das jetzt schon anvisiert:

Auf weit entferntem Areal
liegt der geheimnisvolle Gral,
umstrahlt von hellem Glorienschein –
ein eingetragener Verein.

Lohengrin

Dort gibt es – einfach märchenhaft,
weil selbstlos – eine Ritterschaft.
Die hält die Welt vom Bösen rein
und setzt sich für die Unschuld ein.
Man mietet sich dann einen Schwan
und reist mit ihm zum Zielort an.

Der Ritter, der nun hier erschien,
ist der berühmte Lohengrin.
Doch kennen weder Herrn noch Damen –
auch nicht der König – seinen Namen.
Den hält er ja auch streng geheim,
erstickt die Fragen schon im Keim.
Das Publikum weiß längst Bescheid,
hält das Programmheft griffbereit,
weil man hier die Besetzung findet;
dort ist der Name schon verkündet.
Und nicht zuletzt – da ist man froh –
heißt ja die ganze Oper so!

Er sagt, er werde hier verweilen
und Elsa gleich zu Hilfe eilen.
Da braust der Beifall auf wie wild,
gerasselt wird mit Schwert und Schild.

Sie seufzt: «Mein Ritter, nimm mich hin,
dir geb ich alles, was ich bin!»
Er sagt: «Das nehm ich dankend an,
ich werde gern dein Ehemann.
So höre, Elsa von Brabant:
ich halte an um deine Hand!
Versprich – wenn ich im Kampfe siege –,
dass ich dich dann zur Gattin kriege!
Doch eines musst du mir geloben
bei unserm Gott im Himmel droben:

Lohengrin

Du sollst mich nie – nein, niemals – fragen,
noch jemals Wissenssorge tragen,
woher ich kam der Fahrt,
noch wie mein Nam' und Art!
Das alles musst du mir versprechen,
du darfst dein Wort auch niemals brechen!»
Und Elsa sagt: «Das will ich schwören –
den Heiratsantrag gleich erhören!»

Das Publikum spürt intuitiv:
das geht wohl auf die Dauer schief.
So ist es fast vorausbestimmt,
dass dies kein gutes Ende nimmt.

Den Kampf auf abgestecktem Grund
bestreiten nun Graf Telramund
und dieser gottgesandte Ritter.
Für Telramund da endet's bitter.
Geschlagen muss er sich ergeben –
doch Lohengrin verschont sein Leben.
Man freut sich über diese Milde –
die Mannen schlagen auf die Schilde.
«Heil ihm! – Heil Elsa von Brabant!
Geschlossen sei der Ehe Band!»
So endet dieser Akt mit Jubel,
im allgemeinen Siegestrubel.

*

Der zweite wird nun präsentiert,
nachdem man heftig applaudiert.
Vor dem Palast in dunkler Nacht
hält Telramund mit Ortrud Wacht.
Man sieht sie hier Intrigen spinnen
und fürchterlich auf Rache sinnen.

Lohengrin

Sie starren unentwegt nach oben –
man feiert Elsas Freispruch droben.
Die Fenster sind illuminiert,
weil man im Schloss auch musiziert.

Graf Telramund fühlt sich entehrt,
sein Leben ist fortan zerstört,
denn nach dem Kampf hat man den Mann
sofort in Acht und Bann getan.
Zwar hat der Ritter ihn verschont,
doch Edelmut wird schlecht belohnt.
Dem Telramund reißt die Geduld.
Er gibt der Ortrud hier die Schuld.
Durch sie ist es so weit gekommen,
dass man die Ehre ihm genommen.
Sie hat ihn ja, das sieht er jetzt,
in dieser Sache aufgehetzt,
hat gegen Elsa intrigiert,
sonst wär das alles nicht passiert.
Er flucht: «Auf Zauber fiel man rein –
der Ritter muss ein Magier sein!
Beim Kampf, das war mir klar im Nu –
ging's nicht mit rechten Dingen zu!»

Die finstre Ortrud weiß hier Rat,
weil sie damit Erfahrung hat:
«Man muss den Namen ihm entringen,
dann kann man ihn auch niederzwingen.
Nur Elsa kann das hier erfragen,
und uns den Namen weitersagen.
Man muss sie also nun beschwätzen,
ihr Eidgelöbnis zu verletzen.»
Er sagt: «Genossin meiner Schmach,
dann geh dem Vorsatz jetzt gleich nach!»

Lohengrin

Und Elsa tritt auf den Balkon.
Die Wangen glühn, sie braucht Ozon.
Es sucht ihr Blick die hellen Sterne,
auch mit dem Zephir spricht sie gerne.
Der Zephir ist – weiß jedes Kind –
ein zartes Lüftchen, lau und lind.
Von unten hört man jemand weinen –
wohl eine Frau, so will es scheinen.
Die Ortrud seufzt nun ziemlich laut,
bis Elsa zu ihr runterschaut.
Die arme Frau tut ihr jetzt leid,
sie denkt nicht mehr an jenen Streit.
Sie eilt hinunter auf der Stelle
und holt die Ortrud von der Schwelle.
Sie sucht zu lindern ihren Jammer
und nimmt sie mit in ihre Kammer,
was zweifellos ein Lapsus war,
denn diese Hexe macht ihr klar:
«Es ist ein Fehler von uns Frau'n,
dem ersten besten gleich zu trau'n.
Der Ritter heut kam anonym,
benützt nicht mal ein Pseudonym.
Er kam daher mit einem Schwan –
ein Mann, den wir noch niemals sahn!
Ich fürchte», sagt die Ortrud bös,
«der Herr ist einfach unseriös!
Will er den Namen nicht verkünden,
dann wird es leicht sein zu verschwinden.»
Mit Lug und falscher Freundschaft Schein,
so schmeichelt Ortrud sich hier ein.
Doch Elsa weist sie nun zurück:
«Ich traue ihm und meinem Glück!
Ich will ihn niemals mehr vermissen,
den Namen will ich gar nicht wissen!

Lohengrin

Lass», bittet sie, «mich jetzt allein,
denn morgen soll die Trauung sein.
Und wenn wir in die Kirche gehn,
dann komm doch auch, das wäre schön!»

Am nächsten Tag im Festgewühle
zeigt Ortrud ihre Hassgefühle.
Sie steht dort vor dem Kirchentor –
im Innern singt bereits der Chor.
Zu Elsa sagt sie ungerührt,
dass i h r der Vortritt hier gebührt.

Der König kommt mit Lohengrin,
verlangt von Ortrud Diszplin.
Es schickt sich nicht, hier rumzustreiten,
zu einer Hochzeit will man schreiten.
Fort, auf die Seite soll sie gehn
und Elsa nicht im Wege stehn!

Graf Telramund erhebt nun Klage,
obwohl, das steht ganz außer Frage,
er alle Vorsicht hier vergisst,
weil er bereits geächtet ist.
«Ein Gottesurteil war das nicht!
Befangen irrte das Gericht.
Der Mann, der mich im Kampf gefällt,
hat sich ja nicht mal vorgestellt!»
Weil solch Benehmen hier nicht schicklich,
verlangt der Graf nun augenblicklich,
des Ritters Herkunft zu entdecken,
hat er nicht Schlimmes zu verstecken.

Doch Lohengrin gibt, wie man weiß,
den Namen keinem Menschen preis.

Und es erweist sich dergestalten,
dass all die Edlen zu ihm halten.
Der Name spiele keine Rolle,
weil keiner hier ihn wissen wolle.

Der König zeigt ihm sein Vertrauen.
Auf seine Unschuld will er bauen.
Er zweifelt nicht an seinem Adel,
ein Ritter sei er ohne Tadel.
Kam er auch nicht auf einem Pferd –
ein Schwan ist schließlich auch was wert!
Graf Telramund wird eingeengt
und rüde aus dem Weg gedrängt.
Ein jeder ist nun hier im Bilde –
die Mannen schlagen auf die Schilde.
Und Lohengrin führt jetzt fürwahr
die Elsa gleich zum Traualtar.

*

Der dritte Akt spielt gleich danach
im ehelichen Brautgemach,
und gütig wünscht der König beiden,
nie soll'n sich ihre Wege scheiden.
Ein Brautchor singt jetzt wunderschön,
um Glück und Segen zu erflehn:
«Treulich geführt – ziehet dahin!» –
Das gibt dem Fest den rechten Sinn.
Es muss uns Tränen hier entlocken –
kein Mutterauge bleibt da trocken –,
denn Paare, die zur Hochzeit schreiten,
muss dieses Lied seither begleiten.

Doch dann gehn alle ganz diskret,
man will zu Bett, es ist schon spät.

Lohengrin

Und Lohengrin hält zärtlich warm
das traute Weib in seinem Arm.
«Ach endlich sind wir zwei allein –
hier bin ich Mensch – hier darf ich's sein!»
Er zeigt sich heiter und verliebt,
das junge Glück scheint ungetrübt.
Und doch hat Ortrud es vollbracht,
dass Elsa sich nun Sorgen macht.

Und während Zweifel in ihr nagt,
den Gatten vorsichtig befragt:
«Ich bin doch deine Ehefrau,
drum wüsste ich so gern genau
den Namen und Familienstand
von dir, mit dem ich mich verband.
Ach Liebster, schenk mir dein Vertrauen,
denn auf mein Schweigen kannst du bauen.
Lass mich jetzt dein Geheimnis wissen,
bevor wir uns hier innig küssen!»

Doch Lohengrin wird ungehalten:
«Ich bitte dich, lass Vorsicht walten!
Du weißt, du darfst mich niemals fragen,
lass mich das nicht noch einmal sagen.
Es geht um unser Lebensglück –
wenn du mich fragst, muss ich zurück.
Der Name ist hier Schall und Rauch,
und überflüssig ist er auch!»

«Ich möchte ihn jetzt aber wissen»,
erklärt sie daraufhin verbissen.
«Du musst ihn mir jetzt endlich nennen,
die Personalien will ich kennen.
Du kamst ja anonym vorbei,
als ob das selbstverständlich sei.

Hast meine Liebe dir erstritten –
nun lass mich nicht so lange bitten!»

Dabei ist doch nicht von Belang,
w e r das Duett hier mir ihr sang!
Auf eine Antwort ganz versessen,
hat sie sich dann total vergessen.
Sie fragt, als wäre nichts dabei,
zum Schluß noch wes Geschlechts er sei!

Man ahnt sofort nach dieser Strophe,
jetzt kommt die große Katastrophe.
So sagt er denn, zutiefst verstimmt,
dass er nun seinen Abschied nimmt.
Und Elsa stockt – besinnt sich wieder,
der Schreck fährt ihr in alle Glieder.
Gebrochen hat sie ihren Eid,
das tut ihr nun unendlich Leid.
Doch ihre Reue kommt zu spät,
auch wenn sie jetzt vor Gram vergeht.

Das Ungemach wird immer schlimmer,
denn Telramund stürzt nun ins Zimmer,
das Schwert bereits zum Mord gezückt,
doch ohne dass der Anschlag glückt.
Denn Lohengrin streckt ihn sogleich
zu Boden mit nur einem Streich.
Dann sagt er: «Elsa, du mein Leben,
ich werd' dir morgen Antwort geben.»

Gleich nächsten Tag – auf freiem Felde,
am linken Ufer von der Schelde –,
versammeln sich beim Morgengrauen
die Ritter und die Edelfrauen.
Auch Elsa – sie darf nicht mehr hoffen –
und Lohengrin sind eingetroffen.

Lohengrin

Die Mannen schlagen auf die Schilde,
der König lächelt freundlich milde.
Er bittet nun den Lohengrin,
mit ihm in eine Schlacht zu ziehn.
Doch dieser sagt, er kann nicht mit,
nach Hause wendet er den Schritt,
weil Elsa ihren Schwur nicht hielt,
hat sie das Eheglück verspielt.

Er macht sich nun ob der Verfehlung
an die berühmte Gralserzählung.
Und er sagt feierlich am Ende –
verzweifelt ringt sein Weib die Hände –:
«Gestatten, ich heiß' Lohengrin
und muss mich jetzt hinfort bemühn.
Mein Vater, König Parsifal,
befiehlt mich nun zurück zum Gral.»

Die Menge ruft: «Seht dort den Schwan –
er naht bereits mit seinem Kahn!»
Doch ehe es nun heimwärts geht,
spricht Lohengrin noch ein Gebet.
Der Schwan verwandelt sich sodann
in einen hübschen jungen Mann,
der Elsas Bruder Gottfried ist,
der Prinz, den man so lang vermisst.
Und alle hören nun entrüstet,
wie sich die böse Ortrud brüstet,
dass sie ihn einst verzaubert hat. –
Empörend ist die Missetat!
Und weil sie schuld an dieser Not,
ereilt sie hier sogleich der Tod.
Doch als Ersatz für diesen Schwan,
fliegt eine Taube nun heran.

Lohengrin

Im Kahn wird sie den Lohengrin
auf schnellstem Weg nach Hause ziehn.

Ein jeder fragt, wie sie das macht –
wie schleppt der Vogel diese Fracht?
Wer immer ihn hierher beordert,
das arme Tier ist überfordert!
Die Rüstung ist ja nicht aus Pappe,
der Kahn stabil und nicht Attrappe,
dazu kommt noch der Lohengrin –
das muss die Taube alles ziehn!
Woanders wär das unbeweglich,
doch am Theater ist es möglich.

Und Elsa sinkt nun auf die Knie,
das hat sie nicht gewollt, nein – nie!
Sie bittet ihn, sie nicht zu hassen,
ach, keinesfalls jetzt zu verlassen.
Und Lohengrin singt tiefbetrübt,
dass er sie zwar von Herzen liebt,
doch sei die Strafe zu erdulden –
die Fragerei war ihr Verschulden!

Und während er zum Abschied winkt
und Elsa tot zu Boden sinkt,
hört man das Wehgeschrei von allen
und sieht den Vorhand langsam fallen.

*

Und die Moral von der Geschicht'
ist klar – man übersieht sie nicht:
Hat man nur einen Ehemann,
kommt's auf den Namen gar nicht an.
Hier würde Dankbarkeit wohl frommen,
dass überhaupt ein Mann gekommen!

La Traviata

La Traviata

Es liebte die Kameliendame
Kamelien – daher kommt der Name,
obwohl sie Violetta hieß.
Die Schöne lebte in Paris.

Man feiert sie dort enthusiastisch,
denn ihre Feste sind phantastisch,
und sie war ständig heiß umschwärmt,
obzwar sie ab und zu verhärmt
gelitten hat aus gutem Grund:
Die Ärmste war nicht ganz gesund.

Und doch hat sie, genau betrachtet,
nicht sonderlich darauf geachtet.
Das war ihr scheinbar ganz egal,
verspürte sie auch manches Mal
ein vages Stechen in der Brust:
Stets war sie voller Lebenslust.
Die Stimme klingt nur dann gedämpft,
wenn sie mit ihrem Husten kämpft.

Das Publikum liegt auf der Lauer –
vier Stunden sind die Mindestdauer,
so lang zieht sich die Oper hin –:
Wann nimmt sie endlich Medizin?

In ihrem eleganten Haus
gehn die Verehrer ein und aus.
Und so erscheint in dem Salon
ein Herr, er heißt Alfred Germont.

La Traviata

Kaum macht man ihn mit ihr bekannt,
sind sie aufs heftigste entbrannt
in großer, echter Herzensliebe –
und hoffen fest, dass es so bliebe.

Sie ziehn gemeinsam Hand in Hand
fort aus der Stadt hinaus aufs Land,
wo man das Feiern nicht vermisst,
auch weil's dort nicht so teuer ist.
Sie leben ihrer Liebe bloß,
und weil ihr Alfred mittellos,
hat diese Frau zu guter Letzt
für ihn den ganzen Schmuck versetzt.
Sie woll'n, das Glück ist nicht zu fassen,
nie wieder voneinander lassen.

Als Alfreds Vater das vernimmt,
ist er darüber sehr verstimmt.
Hier wird ein guter alter Name
befleckt von einer Lebedame.
Er macht sich heimlich auf die Socken,
den Sohn von jener fortzulocken.
«Es ist», sagt er, «sei'n Sie nicht bös,
Ihr Lebenswandel unseriös.
Sie sind zwar schön und liebenswert,
doch das ist etwas, das mich stört!
Denn meine Tochter, Alfreds Schwester …» –
dramatisch spielt hier das Orchester –,
«soll eines Tages nicht verfehlen,
mit einem Mann sich zu vermählen.
Sie leben», sucht er zu beweisen,
«ja leider in den falschen Kreisen.

Drum möchte ich Sie herzlich bitten,
beachten Sie die guten Sitten!
Ich fleh Sie an – es ist vonnöten –,
in diesem Fall zurückzutreten.
Die Tochter macht – verstehen Sie –
sonst nie 'ne ehrbare Partie.
Lebt Alfred weiter ungeniert,
ist sie gesellschaftlich ruiniert!»

«Der Vater ist ein guter Mann»,
denkt sie und sieht ihn lange an.
Sie sagt, sein Wunsch sei einzusehn,
dem will sie nicht im Wege stehn.
Für seiner Tochter Lebensglück
tritt selbstverständlich sie zurück.

Bewegt von so viel Edelmut
zieht er, bevor er geht, den Hut.
Gleich darauf hat sie unvermittelt
ein neuer Hustenreiz geschüttelt.
Das Publikum fragt sich im Stillen:
«Hat sie denn keine Lutschpastillen?»
Sie geht und sagt nicht mal Adieu –
und kehrt zurück in ihr Milieu.
Uns ist der Sachverhalt bekannt,
doch Alfred hier vor Rätseln stand.

*

Als nächstes sehn wir sie sodann
liiert mit einem andern Mann.
Er ist Baron und eifersüchtig,
macht allen klar – das ist ihm wichtig –,

dass Violetta ihm gehört,
falls jemand seine Kreise stört.
Vor allem aber will er nicht,
dass sie nochmal mit Alfred spricht.

Der ist ihr wütend nachgereist,
wo er sein Glück am Spieltisch preist,
weil er in einem fort gewinnt
bei jedem Spiel, das er beginnt.
Ja, Glück im Spiel – Pech in der Liebe
sei alles, was ihm noch verbliebe!
Na und! – Da soll es Schlimm'res geben:
Zum Beispiel mit 'ner Frau zu leben!

Ach, seine Liebste spürt den Hohn,
und zornig hört's auch der Baron.
Satisfaktion verlangt er schnell
und fordert Alfred zum Duell.
Doch kann auch er nicht unterbinden,
dass sich die beiden wiederfinden.

Noch aber ist es nicht so weit,
noch fällt so manches Wort im Streit.
Ist Violetta auch gekränkt,
man spürt, wie sie an Alfred hängt.

*

Im letzten Akt – es ist der dritte –
kommt Alfred zu ihr mit der Bitte,
sie möge wieder gut ihm sein,
sie sei sein Glück und Sonnenschein.

Sie solle bau'n auf seine Treue,
weil er sein Tun zutiefst bereue.
Und auch der Vater schreibt ihr nett,
dass er sie gern als Tochter hätt'!

Für Violetta kommt's zu spät,
weil es ihr immer schlechter geht.
Schwört sie auch Liebe – jetzt und immer –,
das Stechen in der Brust wird schlimmer.
Auch bleibt so manches ungesagt,
weil sie der Hustenreiz so plagt.

Trotz ihrer angegriff'nen Lungen
hat sie die ganze Zeit gesungen.
Und so verglüht – wen nimmt es wunder –
ihr Lebenslicht so schnell wie Zunder.
Sie drückt noch einmal ganz bewusst
Kamelien an die zarte Brust.
Und er küsst zärtlich ihr Gesicht
und seufzt: «Mein Lieb, vergiss mein nicht!»

*

Und die Moral von der Geschicht'
sei ebenfalls veröffentlicht:
Kamelien lösen keine Krämpfe,
hier helfen nur Kamillendämpfe.
Doch sie – so meldet uns die Chronik –
trank nicht mal heiße Milch mit Honig.
Sie ist ins Himmelreich entschwebt,
weil sie hienieden falsch gelebt.

Salome

Salome

Prinzessin Salome war schön,
doch konnte man nicht übersehn,
dass sie trotz ihrer zarten Jugend
kein Beispiel gab in Sachen Tugend.
Sie galt bereits zu ihrer Zeit
als Ausbund an Verdorbenheit.
Man weiß, dass schon ihr Elternpaar
bar aller guten Sitten war.
So hat uns Oscar Wilde beschrieben,
wie wüst man's damals hat getrieben
im lasterhaften Königshaus.
Die Oper ist von Richard Strauss.

Als Lüstling war weithin bekannt
der Vierfürst im Hebräerland.
Herodes, skrupellos, gemein,
ging so in die Geschichte ein.
Denn er befahl ja außerdem
den Kindermord zu Bethlehem.

Er war sogar – auch das wiegt schwer –
wild hinter seiner Tochter her.
Wo er sie traf, war sein Bemühn,
sie mit den Blicken auszuziehn.
Und seine Frau Herodias
versäumte gleichfalls keinen Spaß.
Dass diese Salome betörend,
fand sie natürlich eher störend.
Auch ärgerte sie – das ist doch klar –
dass ihre Tochter jünger war.

Doch diese hatte, fast besessen,
bei Hof ganz andere Interessen.
Denn die Lolita aus der Bibel,
die hat sich ziemlich unsensibel

vergguckt in einen frommen Mann.
Gemeint ist der Jochanaan.

Der Täufer war, das ist bekannt,
bei Hof verschrien als Querulant.
Er predigte im Übermaß,
weshalb er im Gefängnis saß.
Sein Rufen schallt aus der Zisterne.
Man hört's sogar noch in der Ferne.
Die Sünden müsse man bereu'n,
verdammen Lug und falschen Schein!
Und jeder solle Buße tun,
das wär nun wirklich opportun!
Es singt den eifernden Sermon
ein stimmgewalt'ger Bariton.
Und er verflucht die böse Welt,
was allen auf die Nerven fällt.
Denn lästig ist der Moralist,
wenn man nicht seiner Meinung ist.

Nur Salome wünscht glühend heiß
sich diesen Mann um jeden Preis.
«Ich will ein Rendezvous heut Nacht»,
sagt sie zu dem, der ihn bewacht.
Es war ein römischer Soldat,
der ihr dazu verholfen hat.

Er hieß mit Namen Narraboth,
doch wenig später war er tot.
Denn weil er selber nach ihr schmachtet
und Salome das nicht beachtet,
stieß er sich, ganz frustriert vor Schmerz,
selbstmörderisch den Dolch ins Herz.
Jochanaan wehrt sich verbissen,
denn die Prinzessin will ihn küssen.

Salome

Sie hat sich bei ihm angebiedert. –
Er reagierte angewidert.
Sie schwört, die Hand zur Faust geballt:
«Ich krieg dich, notfalls mit Gewalt!»

Inzwischen sitzt im großen Saale
der ganze Hof beim Schlemmermahle.
Kokett kommt Salome herein,
der Mundschenk gießt grad Rotwein ein.
Herodes, immer noch beim Essen,
ist voller Gier und selbstvergessen
in ihren Anblick ganz versunken.
Auch hat er viel zu viel getrunken.

Er denkt – vor Sinnlichkeit fast irre –,
wie krieg ich nur die Kleine kirre.
Doch diese bleibt – und das ist öde –
ihm gegenüber kalt und spröde.
Er klatscht zur Tischmusik den Takt.
Wie gerne sähe er sie nackt!
«Mein Kind, du bist doch beim Ballett
und sehr begabt, drum sei so nett,
tanz mir den *Tanz der sieben Schleier*,
ein Sklave spielt dazu die Leier.
Juwelen habe ich zuhauf,
ich gebe dir mein Wort darauf,
bleibt dieser Wunsch mir nicht verwehrt,
bekommst du, was dein Herz begehrt!»

«Ich pfeif drauf», sagt sie ziemlich kühl
und ohne jedes Zartgefühl.
«Ich möchte nichts von deinen Gaben –
den Kopf des Täufers will ich haben!

Salome

Willst du den Tanz noch heute Nacht,
dann ist der Handel abgemacht.
Ich will den Kopf!», so ruft sie schrill.
Im Saal wird es ganz plötzlich still.

Herodes ist zunächst dagegen.
Sie soll sich das noch überlegen.
Doch Salome voll Eigensinn
geht ihm um Bart und Doppelkinn:
«Ich will sein Haupt – es ist mir teuer!
Wenn ich's nicht krieg, fällt hier kein Schleier!»
So hat sie trotzig aufgetrumpft.
Der König, völlig abgestumpft,
hat daraufhin den Kopf geordert,
zum Dank dafür den Tanz gefordert.

Nun war sie endlich zu bewegen,
mit ihren Schleiern loszulegen.
Und raffiniert hebt sie die Wimpern,
der Sklave hört nicht auf zu klimpern.
Von unten ruft Jochanaan,
dass er das nicht mehr hören kann!

*

Der Henker seine Arbeit macht
noch in derselben schwülen Nacht
und bringt das Haupt sodann adrett
auf einem silbernen Tablett.
Das war zwar ziemlich malerisch,
doch stört so etwas sehr bei Tisch,
weil man den grausen Anblick scheut.
Nur Salome war hocherfreut.

Der König sah sodann erbost
wie Salome den Kopf liebkost',

und ihn – welch scheußliches Gelüst –
sogar noch auf den Mund geküsst!

Hier ging zu weit das frevle Spiel!
Selbst dem Herodes war's zuviel,
und der war ziemlich abgebrüht,
wie man an seinen Taten sieht.
Der König, vor den Kopf geschlagen,
konnt' Salome nicht mehr ertragen,
fand, eben noch in sie vernarrt,
das Mädchen gar nicht mehr apart.
Ganz plötzlich war ihm das Verlangen
und auch der Appetit vergangen.

Man weiß nur leider nicht bestimmt,
was den Herodes so ergrimmt.
Vielleicht klang falsch das Spiel der Leier –
vielleicht war'n's sechs, nicht sieben Schleier ...?

Nach dem makabren Zeitvertreib
rief er: «Man töte dieses Weib!»
Drauf hat die Wache – gar nicht sacht –
das kleine Monster umgebracht.

Was dann noch kommt, ist der Applaus –
und damit ist die Oper aus.

*

Und die Moral von der Geschicht'
ist einprägsam und dabei schlicht:
Schnell kann man Sympathien verlieren,
fehlt es an guten Tischmanieren!

Orpheus und Eurydike

Orpheus und Eurydike

Als im Olymp noch Götter thronten,
die Menschen quälten oder schonten,
sah man noch Nymphen und Dämonen
in Seen, Wäldern, Bäumen wohnen.
Als all die Geister noch nicht fehlten,
die uns und die Natur beseelten –
muss unsre Zeit jetzt daran siechen:
Schön war die Welt der alten Griechen!

Da lebte Orpheus – welch ein Sänger! –,
ein stimmgewalt'ger Herzensfänger.
Er war – vermählt mit Eurydike –
der größte Künstler der Antike.
War mit den Göttern selbst per Du,
bewundernd hörten alle zu.
Die Sterne tanzten einen Reigen
und schienen sich ihm zuzuneigen,
denn diese orphischen Gesänge
erinnerten an Sphärenklänge.
Die Schönheit lässt sich kaum ermessen –
und Orpheus wurde nie vergessen.

Heut sieht ein Sänger ja schon Land,
macht ihn das Fernsehn hier bekannt.
Durchs Mikrophon und mit Verstärker
brüllt er dann los wie ein Berserker.
Und ohne *band* läuft da nicht viel,
die Fans zerschlagen das Gestühl.
Es kreischen Girls – und diese Kälber
sind lauter als der Sänger selber.
Ist seine Stimme wirklich groß,
dann singt er mit Orchester bloß.
Ach, Orpheus hat allein gesungen,
nur seine Stimme ist erklungen.
Ums Haupt gewunden war ein Schleier,
im Arm lag eine güld'ne Leier.

Orpheus und Eurydike

Harmonisch griff er in die Saiten,
das reichte aus, ihn zu begleiten.

Heut will man's dröhnend, überlaut,
weshalb man auf die Pauke haut,
und wird die Melodie mal leiser,
dann jault dazu ein Synthesizer.
Ein Drummer sorgt für heißen Beat,
weil sonst die Nummer gar nicht zieht.
Und dazu trägt man hartgesotten
nur Lederzeug und Jeansklamotten.
Damit der Ton auch richtig sitzt,
wird er durch Beckenschwung gestützt.

Wenn Orpheus beinah weltentrückt
beim Singen zu den Sternen blickt,
sieht man die Jungs mit ihren Klampfen
den Rhythmus mit den Stiefeln stampfen,
und unverwandt beim Präludieren
in die verzückte Menge stieren.
Wer das vergleicht, dem wird schnell klar:
Es ist nicht mehr wie's früher war.

Aus einem werden wir nicht schlau:
den Orpheus singt meist eine Frau.
Selbst Gluck stellt' sich das anders vor –
schrieb diesen Part für den Tenor.
Doch klingt ein Alt hier auch sehr schön;
man muss das einfach locker sehn.

Von Orpheus soll die Rede sein:
Noch immer glänzt sein Glorienschein.
Die Sage stammt aus Griechenland,
inzwischen ist sie weltbekannt.

Orpheus und Eurydike

Der Inhalt ist hier schnell erzählt:
Eurydike – mit ihm vermählt –,
die starb. – O grausames Geschick!
Und Orpheus wünscht sie sich zurück.
Doch sie weilt in der Unterwelt,
den Totengeistern zugesellt.
Dort lebt sie nun im Reich der Schatten,
beweint von ihrem Ehegatten.
Unendlich schwer wiegt der Verlust,
es schmerzt das Herz in seiner Brust.
Seit die Geliebte schied dahin,
verlor das Leben seinen Sinn.
Er sang – berichtet uns die Sage –
an ihrem Grab die Totenklage.
Doch Orpheus stand mit seiner Kunst
ganz oben in der Götter Gunst.
Wer so beherrscht den guten Ton,
dem fehlt es nicht an Protektion.

So kam denn Eros kurz vorbei
und sagte, dass noch Hoffnung sei.
«Bald bist du nicht mehr so allein,
denn Vater Zeus erbarmt sich dein.
Steig in die Unterwelt hinab –
obwohl es das noch niemals gab,
und ist der Ort auch abgelegen –,
die Götter haben nichts dagegen.
Selbst wenn die Furien dich verfluchen –
geh deine Frau da unten suchen!
Doch ein Gebot knüpft sich daran:
Schau deine Gattin dort nicht an!
Jedwede Neugier ist zu meiden,
denn sonst vermehrt sie deine Leiden.»

Und dankbar willigt Orpheus ein:
«Die Prüfung kann nicht schwierig sein.

Mit Freude werde ich den Willen
des guten Gottes hier erfüllen.
Die Gattin ist mir ja vertraut,
und darum wird nach vorn geschaut.»
Und Eros schärft ihm nochmals ein:
Geht Eurydike hinterdrein,
auf keinen Fall sich umzuwenden,
soll das Manöver glücklich enden.
Warum – das wird hier nicht gesagt,
und Orpheus hat auch nicht gefragt.
Er nimmt sogleich sein Instrument,
singt alle Lieder, die er kennt,
um seine Furcht zu überwinden,
und sucht den Hades nun zu finden.

Der Eintritt ist ein Sakrileg.
Die Furien stell'n sich in den Weg –
als Typen reichlich unsympatisch –
doch er singt rührend und emphatisch,
und schließlich sind auch sie bezwungen,
so schön hat sein Gesang geklungen.
Und durch den Zauber seiner Lieder
bekommt er nun die Gattin wieder.

Man sieht jetzt einen nach dem andern
gleich unverzagt nach oben wandern.
Eurydike ist irritiert,
dass Orpheus keinen Blick verliert.
Er nimmt sie nicht in Augenschein –
das kann doch keine Liebe sein!

Und während sie zum Ausgang drängeln,
fängt Eurydike an zu quengeln:
«Ach Liebster, dreh dich nach mir um!
Das Spielchen ist doch wirklich dumm.
Für mich ist das auch gar nicht schön,
nur immer hinterher zu gehn!

Liegt's daran, dass dir vor mir graust,
dass du so stur nach vorne schaust?
Schenk mir jetzt endlich einen Blick,
sonst komm ich nicht mit dir zurück!»

Ach, Orpheus kann sich kaum noch zügeln.
Die Schritte gilt es zu beflügeln.
Und krampfhaft nimmt er sich in Acht,
damit er keinen Fehler macht.
Als Eurydike plötzlich stumm,
dreht er sich angstvoll nach ihr um.
Und dieser eine Blick genügt,
dass sie entseelt am Boden liegt –
auf ewig nun dem Tod geweiht!
Erneut erfasst ihn bittres Leid.
Die Klage tönt uns in den Ohren:
– «Ach, ich habe sie verloren»!

Als nützlich wird sich stets erweisen
der Umgang mit den höchsten Kreisen.
Denn Eros kommt nochmal vorbei
und sagt, dass ihm vergeben sei.
«Mit dieser Botschaft steh ich da
als Deus hier – ex machina!
Nimm deine Gattin an der Hand
und kehrt zurück nach Griechenland!
Seid glücklich nun – und nicht mehr bang,
sonst wird die Oper auch zu lang!»

*

Und die Moral von der Geschicht':
Ein bisschen Neugier schadet nicht.
Doch klüger ist's, bei Ehefrauen
von Zeit zu Zeit mal wegzuschauen!

Der Troubadour

Der Troubadour

Unverständlich und obskur –
so zeigt sich uns der Troubadour.
Wir hör'n die Oper in vier Akten,
jedoch verwirrend sind die Fakten.
Die Handlung ist zumeist recht kläglich,
das, was gesagt wird, klingt unsäglich,
das Versmaß ist ein Kompromiss. –
Es ist ein rechtes Ärgernis,
wie sehr der Redefluss oft holpert,
die Metrik über Silben stolpert.
Selbst wenn man diesen Text studiert,
hat man noch immer nichts kapiert.
Von Cammarano ist das hier,
steht im Programm auf dem Papier.
Und doch wird das zumeist verzieh'n, –
wie herrlich sind die Melodien!
Frenetisch wird da applaudiert,
denn Verdi hat sie komponiert.
Die Oper spielt fast nur bei Nacht,
so hat's der Librettist erdacht.
Hier sieht man einen Vorteil winken:
Die Sänger müssen sich nicht schminken.

Es geht – man spielt nur ein paar Takte –
der Vorhang auf zum ersten Akte.
Wir sehn den Capitán Ferrando
mit den Soldaten beim Parlando,
denn die soll'n wachen und nicht schlafen,
sonst wird Graf Luna sie bestrafen.
Die Stimmung ist zunächst gedämpft,
bis man die Müdigkeit bekämpft.
Ferrando singt zum Zeitvertreib
von einem bösen alten Weib.

Der Troubadour

Zigeunerin war diese Frau,
die hat – das weiß man noch genau –
im Schloss sich sehr verhasst gemacht.
Sie schlich dorthin nach Mitternacht
und eilte da – so hört man immer –
zu bösem Tun ins Kinderzimmer.
Die Hexe trieb dort Zauberei
bis jemand sie erwischt dabei.
Dann stahl sie – das ist keine Lüge –
das Grafenkind aus seiner Wiege.

Die Hexe wurde bald gefangen,
um ihre Strafe zu empfangen.
Und weiter schildert die Ballade:
Die Tochter flehte zwar um Gnade,
der alte Graf jedoch mitnichten
befahl, die Hexe hinzurichten.
Sie ward – davon spricht man noch heute –
des Scheiterhaufens Flammenbeute.
Zuvor hat sie noch, ganz verrucht,
den alten Grafen laut verflucht.
Die Tochter musste dann versprechen,
den Tod der Mutter bald zu rächen.

Die Sache mit dem Racheschwören,
die werden wir noch öfter hören!

Ein Scheiterhaufen ward entzündet,
in dessen Asche man dann findet
nicht nur der bösen Frau Gebein,
nein, auch ein Kindlein zart und fein.
Im Tode fand sie keine Ruh.
Sie spukt noch immer ab und zu
herum im alten Schlossgemäuer,
wo sie – und das ist nicht geheuer –

als Eule dumpfe Angst erweckt. –
Die Männer zeigen sich erschreckt.

Hier hört die Vorgeschichte auf,
nun nimmt das Drama seinen Lauf.
Des Grafen Sohn – zuvor verschwunden –,
im Feuer hat man ihn gefunden.
Der Alte greift sich voller Schmerz
ans leidgeprüfte Vaterherz,
dankt Gott – er fühlt sich sterbensmatt –,
dass er noch einen zweiten hat.
Damit er endlich Frieden hätt',
verlangt er auf dem Totenbett
von diesem Sohne das Versprechen,
dereinst des Bruders Tod zu rächen.

*

Nach einer szenischen Verwandlung
beginnt die eigentliche Handlung.
Der Alte starb – wir wissen's schon –,
nun sehen wir des Grafen Sohn,
den jungen Luna, herrisch kalt,
mit einer Neigung zur Gewalt.
Er ist – das sei hier gleich gesagt –
von Eifersucht meist schwer geplagt.
Er liebt die schöne Leonore,
die aber liebt den Trovatore.
Doch Luna hat von Anbeginn
nur diese schöne Frau im Sinn.
Im Garten sieht man ihn spazieren,
vor ihrem Fenster rumflanieren.
Und sieh, die Hoffnung trügt ihn nicht,
die Herzensdame hat noch Licht.

Der Troubadour

Ein Ständchen tönt aus den Kulissen.
Wer kann das sein? – denkt er verbissen.
Doch Leonore weiß beschwingt,
dass so nur ihr Manrico singt.
Der Troubadour verdient Applaus,
sie stürzt begeistert aus dem Haus.
Vor einem Schatten macht sie Halt,
umarmt dort selig die Gestalt.
Sie fragt, und singt ein Lied dabei,
wo er so lang gewesen sei,
macht keinen Hehl aus ihrer Liebe,
wenn er nur immer bei ihr bliebe.
Sie sieht ihn warm und zärtlich an;
es ist jedoch der falsche Mann.
Der Troubadour, der um sie freite,
steht nämlich auf der andern Seite.
Er hört dem Singen grimmig zu
und ruft erbost: «Du Falsche, du!»
Dann aber wird ihm ganz schnell klar,
dass dies nur 'ne Verwechslung war.
Und Luna merkt, so wie es scheint,
die Frau hat gar nicht ihn gemeint.

Ein Helm bedeckt Manrico hier,
sein Antlitz tarnt noch das Visier.
Die Sänger singen unbeirrt,
doch wir sind nun schon leicht verwirrt.
Warum nur hat der gute Mann
zur Laute eine Rüstung an? –
Er schwört – und ist nicht mehr betrübt –,
wie sehr er Leonore liebt.
Der Graf erleidet Höllenqualen.
Der Kerl soll mit dem Leben zahlen,

denn er erkennt: den Liebesschwur
sang der verhasste Troubadour.
Und Luna ist schon so empört,
dass er nun finstre Rache schwört.
Das Racheschwören macht er gut,
er hat's inzwischen fast im Blut.
Das Liebespaar singt ein Duett
und dann mit Luna im Terzett.
Es steigert sich die Kolportage –
der Graf ist jetzt schon schwer in Rage.
Steht Leonore zwischen beiden,
soll ein Duell den Fall entscheiden.
Der Zweikampf kann sofort beginnen,
die Männer fechten wie von Sinnen.
Der Vorhang fällt hier ganz exakt,
wir kommen nun zweiten Akt.

*

Es kam zum Zweikampf, wie man weiß,
man focht um einen hohen Preis:
der schönen Leonore wegen.
Graf Luna ist hier unterlegen
und war schon bald in tausend Nöten.
Manrico wollte ihn nicht töten.
Ihn warnte eine innre Stimme.
Nun aber kommt danach das Schlimme:
Mit Undank hat's der Graf gelohnt,
dass man sein Leben hier geschont.
Denn irgendwo gab's eine Schlacht,
wo er den Sänger niedermacht.
Kein Mensch kennt bis zur heut'gen Stund
den Anlass und den Hintergrund.
Man weiß nicht mal genau die Zeit,
wann stattgefunden dieser Streit.

Der Troubadour

Der Graf kennt keinen Edelmut.
Manrico schwimmt in seinem Blut.
Doch Luna zeigt sich ungerührt.
Er ruft, wobei er triumphiert:
«Das Schicksal ließ mich heute siegen,
der Kerl ist tot, er bleibt hier liegen!»

Manrico ist – weiß man schon länger –
ein sehr bekannter Minnesänger.
Doch außerdem ist er Soldat,
ein Feldherr, sagt die Moritat.
Das alles kommt uns seltsam vor.
Auf jeden Fall ist er Tenor.

*

Wir sehen nun in der Arena
die rabenschwarze Azucena.
Auch diese böse alte Hippe
entstammte der Zigeunersippe.
Sehr finster ist auch das Gemäuer,
drum lodert hier ein Lagerfeuer.
Sie sitzt da in vertrauter Runde –
bald weicht die Nacht der Dämmerstunde –
inmitten der Zigeunerschar;
man spricht davon, wie's früher war.
Und mit dabei ist auch ihr Sohn,
der Troubadour – man kennt ihn schon.
Sie hatte ihn ja einst geboren,
bevor die Mutter sie verloren.
Wir hören nun die Moritat,
wie man sie hingerichtet hat.
Der alte Graf – das ist bekannt –
hat die Zigeunerin verbrannt,
das Unheil damit raufbeschworen:
Er möge in der Hölle schmoren!

Der Troubadour

Und um die Mutter dann zu rächen,
beging die Tochter ein Verbrechen.
Sie stahl den jüngsten Sohn des Grafen,
um ihn für seine Tat zu strafen.
Den Knaben wollte sie verderben,
er sollte in den Flammen sterben!
Sie flucht dem harten alten Mann,
weil sie ihm nie vergeben kann.

Geflucht wird überhaupt sehr viel
in diesem Schauerdramenspiel.

Sie singt, derweil Manrico lauscht,
dass sie die Säuglinge vertauscht
und dann im Wahn – das ist gewiss –
das eigne Kind ins Feuer schmiss.
Die Rache ist ihr Lebenszweck,
denn sie kam nie darüber weg.
Und dies Geständnis macht, fürwahr,
sofort Zusammenhänge klar.
Manrico sagt: «Wie fürchterlich! …
Doch wenn's dein Kind war – wer bin ich?»
Hier kommt so was wie Logik auf
in dem obskuren Stückverlauf.
Doch die Erklärung wird vermisst,
wer dieser Mann nun wirklich ist!
Vielleicht ist er – man ahnt es schon –
des alten Luna echter Sohn!
Jedoch im gleichen Augenblick
nimmt Azucena das zurück,
was sie zuvor zu ihm gesagt,
damit er nicht mehr weiterfragt.
Und felsenfest bleibt sie dabei,
dass sie Manricos Mutter sei.

*

Nun bringt ein Bote den Beschluss,
dass er ein Schloss verteid'gen muss.
Und noch etwas erfährt man jetzt –
Manrico hört es ganz entsetzt –:
Ein Kloster liegt dort in der Näh'.
Die Liebste, krank vor Herzensweh,
entsagt der Welt und ihrem Schein,
tritt heut noch in den Orden ein,
will beten dort bei Tag und Nacht –
Manrico fiel ja in der Schlacht.

Der Troubadour stürzt eilends fort
zu diesem Gott geweihten Ort,
hofft, dass sie nichts ins Kloster geht,
vielleicht ist es noch nicht zu spät!

*

Im Klosterkreuzgang, notabene,
ereignet sich die nächste Szene:
Graf Luna steht mit seiner Schar
nicht weit entfernt von dem Altar,
denn Leonore nimmt den Schleier,
doch er will eine Hochzeitsfeier.

Man hört ihn wütend schnauben hier:
«Es kann kein Gott sie rauben mir!»
Als Nonne kann sie ihm nichts nützen,
er will sie jetzt als Frau besitzen
und, sollte sie sich etwa zieren,
dann eben mit Gewalt entführen.

Nun hört man einen Nonnenchor
und Leonore tritt hervor,
um in die Kirche zu gelangen
und dort die Weihe zu empfangen.

Der Troubadour

«Entsage nun des Lebens Wonnen!»,
so psalmodier'n die frommen Nonnen.
Manrico kommt herbeigeeilt,
dorthin, wo seine Liebste weilt.
Sie wankt und traut den Sinnen kaum:
«O Gott, ist's nur ein schöner Traum?»

Graf Luna kann es gar nicht fassen.
Man sieht ihn stieren Aug's erblassen.
Wie alle ist er ganz verblüfft,
dass man den Troubadour hier trifft,
dem kürzlich er das Leben raubte –
da steht er nun, der Totgeglaubte!
Um Leonore will er ringen,
sein Glück mit ihr zur Not erzwingen.

Sie singt, was immer auch passiert,
dass sie nun anders disponiert.
Die Nonnen nehmen das nicht krumm
und kehren auf der Stelle um,
den irdischen Belang zu fliehn.
Sie lassen Leonore ziehn.

Manrico sagt zu ihr galant:
«Geliebte, reich mir deine Hand,
wir bleiben nicht mehr länger hier,
hab keine Angst und folge mir!
Vergessen sei dein Herzeleid –
komm auf mein Schloss, es ist nicht weit!»

Kein Mensch versucht nun dergestalten
die Flucht des Pärchens aufzuhalten.
Graf Luna ist zutiefst empört,
weshalb er allen Rache schwört!

*

Der Troubadour

Nun kommen wir zum dritten Akt:
Die Handlung ist auch hier vertrackt.
Zum Glück geht er recht schnell vorbei –
drum Vorhang auf und Bühne frei!
Man sieht Soldaten hier kampieren,
den Grafen vor sich hin sinnieren.
An Leonore muss er denken –
sie darf sich nicht Manrico schenken!
Gleich morgen soll ein Kampf beginnen,
dann will er sie zurückgewinnen.
Verflucht sei dieser Troubadour –
und wieder folgt ein Racheschwur.

Ferrando muss den Grafen stören.
Er soll ein altes Weib verhören,
denn Azucena ward ergriffen –
da hat sie jemand wohl verpfiffen.

Die Frau – man muss die Untat rächen –
beging ein Kapitalverbrechen.
Das ist schon eine Weile her,
doch wiegt es immer noch sehr schwer.
Ferrando hat sie gleich erkannt –
sie hat das Grafenkind verbrannt.
Und nun ereilt sie das Verderben:
Wie ihre Mutter soll sie sterben.

*

Ein Szenenwechsel steht bevor:
Wir sind im Schloss von Kastellor.
Manrico steht, wie manches Mal,
am Fenster dort in einem Saal,
wo er voll Sorgen schlaflos wacht;
es ist mal wieder finstre Nacht.

Der Troubadour

Auch hier ist ein Soldatenlager.
Am Anfang ist die Handlung mager.
Die Männer dösen vor dem Tor,
denn morgen steht die Schlacht bevor.
Doch nun dringt heller Feuerschein
von außerhalb zum Fenster rein.
Und plötzlich hört man auch Geschrei,
Manrico fragt sich, was das sei.
Er ruft sofort nach seinen Leuten –
was hat das alles zu bedeuten?
Der Lärm wird draußen immer lauter –
und eilends naht jetzt ein Vertrauter.

«Man führt dort 'ne Zigeunerin
zu einem Scheiterhaufen hin …
sie wankt einher in schweren Ketten –
kein Mensch kann dieses Weib noch retten!»
Er sträubt sich fast, das zu berichten:
«Der Graf befahl, sie hinzurichten.
Und dieser Holzstoss ist nicht klein,
das sieht man an dem Feuerschein!»
Den Brand, den legt der Inspizient,
der solche Tricks beruflich kennt.
Zum Glück ist's nur Theaterfeuer,
sonst käm' das Opernspiel zu teuer!

Die Flammen lodern fürchterlich,
und Leonore ängstigt sich.
Manrico kann die Frau erkennen,
die eig'ne Mutter soll verbrennen.
Nun geht es drunter und auch drüber,
die Leute handeln wie im Fieber,
ein jeder ist hier scheinbar toll –
nur die Musik ist wundervoll!

Der Troubadour

Im Hintergrund dräut Donnerwetter –
und vorn singt der Tenor die Stretta.
Hat er das hohe C gepackt,
geht's weiter mit dem vierten Akt.

*

Hier schlägt erst mal – man glaubt es kaum –
die Logik einen Purzelbaum.
Denn der Erinnerung Vermächtnis
lebt ja noch frisch hier im Gedächtnis:
Man führte die Zigeunerin
gefesselt zu dem Holzstoß hin.

Das Feuer loderte schon auf –
fast bis zum Himmel hoch hinauf –,
so sang Manrico ziemlich laut,
als aus dem Fenster er geschaut.
Drum fassen wir nochmal zusammen:
Der Scheiterhaufen stand in Flammen.
Rief jemand kurz nach dem Applaus,
jetzt machen wir ihn wieder aus?
Und jetzt kommt gleich das Int'ressante:
Obwohl der Holzstoß heftig brannte,
ist Azucena unversehrt
in ihr Verlies zurückgekehrt.
Das war doch wohl kein Zimmerbrand,
den man gelöscht mit leichter Hand.
Zwar klappern ihr vor Angst die Zähne,
doch macht sie hier schon Urlaubspläne.
«In unsre Heimat kehr'n wir wieder ...»
so etwa tönen ihre Lieder.
Und außerdem – man staunt noch stärker –
Manrico sitzt jetzt auch im Kerker!

Da mag denn wohl die Frage frommen:
wie ist er da hinein gekommen? –
Er hat doch grade noch gesungen,
die Stretta ist ja kaum verklungen.
Das alles ist für uns nun endlich,
wie vieles hier, ganz unverständlich!

*

Wie dem auch sei, der Graf obsiegt.
Der Troubadour in Ketten liegt.
Es triumphiert die Niedertracht,
Manrico ist in seiner Macht.
Der Graf fasst herrisch den Beschluss,
dass der Rivale sterben muss.
Und Leonore, bleich und schön,
will Gnade nun für ihn erflehn,
und sie verspricht – schont man sein Leben –,
sich ganz dem Grafen hinzugeben.
Und Luna nimmt den Handel an –
man sieht, er ist kein feiner Mann.
Er weiß, auch wenn er nach ihr schmachtet,
dass Leonore ihn verachtet.
Er liebt sie heiß mit allen Sinnen
und will sie ganz für sich gewinnen.
Doch Leonore – nur zum Schein
geht sie auf diese Sache ein,
sie scheut sich nicht, hier falsch zu schwören,
sie wird dem Grafen nie gehören.
Ihr bleibt – denkt sie verzweiflungsvoll –
ein Ausweg, der sie schützen soll.
Es glänzt ein Schmuck an ihrem Finger –
wohl nicht gedacht als Freudenbringer.
Geheimnisvoll ist dieses Ding,
es ist ein giftgefüllter Ring.

Er schmückt nicht nur, nein, er ist auch
wenn nötig praktisch im Gebrauch.
Man öffnet ihn mit einem Ruck,
dann trinkt man einen großen Schluck
und kann jetzt wirklich sicher sein,
schon bald stellt sich die Wirkung ein.
Sie wird den Grafen hintergehn,
er soll sie niemals wiedersehn.
Damit sie ihn auch nicht mehr trifft,
nimmt sie für diesen Fall das Gift.
Ist der Geliebte endlich frei,
dann kommt der Tod sehr schnell herbei.

Ums Herz wird ihr auf einmal leicht.
Sie hat ihr Ziel zum Glück erreicht,
und für Manricos teures Leben
will sie nun gern das ihre geben.
Im Kerker geht sie ihn besuchen,
doch der fängt an sie zu verfluchen,
obwohl ihm die Geliebte schwört,
dass ihre Liebe ihm gehört.
Manrico fühlt sich hintergangen.
Hat sie sich etwas angefangen
mit Luna, diesem Erzverbrecher?
Ward ihre Liebe plötzlich schwächer?
Allmählich fängt sie an zu leiden.
Das Gift wühlt in den Eingeweiden.

Vor Schmerzen kann sie sich kaum fassen.
«Schon bald», stöhnt sie, «wirst du entlassen.
Dem Kerker darfst du dann entflieh'n,
du kannst dich hier auf mich bezieh'n!»

Der Troubadour

Manrico hört ihr gar nicht zu,
sagt rüde: «Lass mich doch in Ruh!»
Bis er begreift – das dauert lang –,
ist Leonore todesbang.
Als er den Sachverhalt versteht,
kommt alles Glück für sie zu spät.
Sie singen nun aus voller Brust,
der Tod sei jetzt die höchste Lust.
Man möchte sich die Freude gönnen
und für den andern sterben können.

Na bitte sehr, – ganz nach Belieben,
das ist doch wirklich übertrieben!

Umsonst hofft man bei dieser Handlung
auf eine positive Wandlung.
So ist es fast vorausbestimmt,
dass Luna wieder Rache nimmt.
Und wütend hält er Strafgericht,
Erbarmen kennt der Schurke nicht.
Er überliefert nun in Eile
Manrico hier dem Henkerbeile.
Ja, wer die Oper wirklich kennt,
der weiß, es gibt kein Happy End.

Und Azucena ruft voll Hohn:
«Er war dein Bruder – nicht mein Sohn!»

*

Und die Moral von der Geschicht':
Die Sänger wissen's selber nicht.
Man kennt sich nach wie vor nicht aus,
am besten bleibt man gleich zu Haus,
legt sich bequem aufs Kanapee
und hört die Oper auf CD.

Othello

Othello

In Opern wird nicht viel gelacht,
denn meist wird jemand umgebracht.
In Verdis Oper kommen vor
als Hauptperson ein schwarzer Mohr
und seine Frau Desdemona,
die treu und tugendhaft man sah.
Bei Shakespeare stammt er aus Venedig –
sie fand ihn toll, als sie noch ledig.
Vom Fach her: typische Blondine,
erträgt sie ihn mit Engelsmiene,
weil sie sein hitz'ges Temp'rament
schon längst aus dem Libretto kennt.
Als ihre Liebe noch sehr innig,
hat er ihr ziemlich hintersinnig
ein teures Spitzentuch geschenkt,
damit sie immer an ihn denkt.

Er fuhr zur See, denn es gab Krieg.
Das Schicksal schenkte ihm den Sieg.
Man feiert seine Wiederkehr,
denn stürmisch war das Mittelmeer.
Wär er auf hoher See geblieben,
hätt' Shakespeare nicht den Fall beschrieben
Auch Jago ist hier ziemlich wichtig,
obgleich sein Wesen zwiegelichtig.
Er hält sich düster in der Nähe,
als Gegner dieser Mischlingsehe,
und ist, wie man's auch dreht und deutelt,
von Missgunst ständig schwer gebeutelt.
Weil er Othellos Glück beneidet
und selber an Komplexen leidet,
spinnt er – aus Freundschaft nur zum Schein –
Intrigen hässlich und gemein.

Othello

Es singt der finstre Übeltäter
sein falsches Credo etwas später.
Wenn er das singt, herrscht dunkle Nacht –
das unterstreicht die Niedertracht.
Danach weiß jeder, selbst ein Tor:
der Mensch bereitet Böses vor.

Er rüttelt nun zu dem Behuf
Desdemona am guten Ruf.
Und so behauptet er doch glatt,
dass sie was mit dem Cassius hat!
Denn der erhielt – die Spur ist heiß –
als unumstößlichen Beweis
nach einem nächtlichen Besuch
von ihr das Spitzentaschentuch.

Doch weiß man, und ist nicht befremdet,
dass Jago selbst es ihr entwendet.
Er setzt dem eifersücht'gen Mohr
zu bösem Zweck den Floh ins Ohr,
dass seine Gattin ihm nicht treu,
wenn er grad nicht auf Zypern sei.

Othello ist höchst aufgebracht,
weil ihn das hier zum Hahnrei macht.
Und weil er gerne Klarheit hätt',
singt er mit Jago ein Duett.

Desdemona, im stillen Raum,
singt bang das Lied vom Weidenbaum.
Es will ihr einfach nicht gelingen,
die Angstgefühle zu bezwingen.
Da naht ihr Mann in wildem Grimme,
das hört sie schon an seiner Stimme.

Othello

Desdemona zeigt sich verstört,
weil sie Othello streng verhört
und ihren Schwüren, was sie kränkt,
nicht den geringsten Glauben schenkt.

Dann fragt der Wüterich sie glatt,
ob sie zur Nacht gebetet hat.
Drauf hat er sie – das ist verbürgt –
in seiner blinden Wut erwürgt.
Er setzte dann, sagt die Legende,
mit seinem Dolch sich selbst ein Ende.

Desdemona, so blond und hold,
hat diesen Ärger nicht gewollt.
Das ganze Unheil sie beschwor,
weil sie das Taschentuch verlor,
das ihr der Mohr als Liebespfand
einst zärtlich drückte in die Hand.
Ihr Lebensglück und Schicksal hing
an dem bestickten Spitzending.

*

Und die Moral von der Geschichte:
Gar oft wird alles Glück zunichte
durch eine dumme Kleinigkeit
am falschen Ort – zur falschen Zeit.
Viel praktischer – das zeigt sich hier –
sind Taschentücher aus Papier.
Und vorteilhaft ist dabei auch:
Man wirft sie weg nach dem Gebrauch!

Carmen

Carmen

Die Oper ist ein Melodram,
der Titel kurz und einprägsam,
der Text recht frei nach Mérimée,
und die Musik von George Bizet.
Und Carmen selbst – nicht grad 'ne Dame –,
der Operntitel ist ihr Name.
Man weiß sofort, wenn man sie sieht,
schon bei dem allerersten Lied:
das ist die Frau, um die es geht,
um die sich die Geschichte dreht.
Sie ist zwar wirklich hocherotisch,
ihr Naturell jedoch chaotisch,
ein Raubtier, schön und auch gefährlich.
So eine bringt, sei'n wir mal ehrlich,
die Männer alle kurzerhand –
ob jung, ob alt – um den Verstand.

Es treffen Mädchen sich und Frauen
gleich vor der Stadt im Morgengrauen.
Das Ziel, wohin sie täglich fahren,
ist die Fabrik für Tabakwaren.
Sie drehn Zigarren, Zigaretten,
womit sie sich durchs Leben fretten.
Und Carmen – voller Lebensgier –
wünscht sich vom Leben mehr Plaisir,
als dort am Fließband zu versauern
und ihrer Jugend nachzutrauern.
Sie ist zwar äußerst feminin,
doch fehlt es ihr an Disziplin.
Es gibt, das lässt sich nicht verhehlen,
oft Stunk und sonstige Querelen.

Carmen

Jetzt öffnet die Fabrik das Tor,
und die Belegschaft strömt hervor.
Und an der frischen Luft sich labend
freut man sich auf den Feierabend.
Zuletzt kommt Carmen aus dem Hause,
denn jetzt ist erst mal Mittagspause.
Sie ist, das sieht man nachgerade,
für jede Arbeit viel zu schade.
Geschaffen ist dies Rasseweib
für einen schön'ren Zeitvertreib.
Und jeder fragt, der Carmen kennt:
Wohin mit so viel Temp'rament!
Hat sie genug von Zigaretten,
schlägt sie zum Tanz die Kastagnetten
und singt dann – selbst davon entflammt –:
«Die Liebe vom Zigeuner stammt!»

Ganz reizend, wenn auch etwas fade,
ist Micaëla, die gerade
den Don José besuchen will, –
sie ist ein Mädchen sanft und still.
Sie weiß, dass er dort Wache schiebt,
und auch, dass sie ihn herzlich liebt.
Zwar ist er oft beruflich fern,
doch ist er treu und hat sie gern.
Sie waren sich bereits im Wort
als Kinder schon im Heimatort.
Sie singt – ihr Lied klingt hoffnungsvoll –,
dass er nach Hause kommen soll,
weil, so erinnert sie ihn zart,
die Mutter lang schon seiner harrt.

Carmen

«Und tu ich auch der Mutter weh –
ich bleibe hier!», sagt Don José.
Das Mädchen sieht nun irritiert,
wie Carmen, reichlich ungeniert,
die Männer zu verführen trachtet
und selbst José schon darauf achtet.
«Lass ab von der Zigeunerschlampe»,
singt Micaëla an der Rampe.
«Dies Weib bringt keinem Manne Glück,
ach, komm mit mir ins Dorf zurück!»
Sie ist, das muss man unterstreichen,
mit Carmens Reiz nicht zu vergleichen.
José ist schon von ihr betört,
und Micaela geht verstört.

Und Carmen singt für die Verehrer
die weltbekannte Habañera.
Die komponierte Yradier,
nicht, wie man glaubt, der George Bizet.
Nach dieser sinnlichen Musik
eilt sie zurück in die Fabrik,
wo nun – beinah kommt sie zu spät –
die Arbeit pünktlich weitergeht.

Doch schon sehr bald, nur wenig später,
erschallt von drinnen ein Gezeter.
Was das denn für ein Aufruhr sei,
fragt einer gleich die Polizei.
«Den Ärger», sagen die Gendarmen,
«macht wieder einmal diese Carmen –
und den hat man mit ihr fast täglich,
denn sie ist ziemlich unverträglich!»

Carmen

Sie griff heut 'ne Kollegin an,
zwar hatte die ihr nichts getan,
doch ist sie, heißt es, immerhin,
wie Carmen auch, Zigeunerin.
Und wenn sich mal zwei solche streiten,
dann kommt es schnell zu Tätlichkeiten.
Denn Carmen stach – das war nicht nett –
im Zorn gleich zu mit dem Stilett,
wobei, berichtet ein Soldat,
sie jene Frau verwundet hat.
Man schickt José zum Tatort hin,
damit er Ordnung schafft darin
und dieses Weib jetzt streng bewacht.
Gefängnis ist hier angebracht!

Das will José beileibe nicht.
Er tut nur scheinbar seine Pflicht,
und auf ein ausgemachtes Zeichen
kann sie ihm kurzerhand entweichen.
Sie wirft ihm noch zuletzt als Clou
'nen Kuss und eine Rose zu.
Lässt schnell ein neues Lied erschallen
und außerdem beiläufig fallen:
«Ja, draußen am Wall von Sevilla –
da tanze ich die Seguidilla.
Wie wär's denn, hast du nicht bald frei?
Dann komm doch auf 'nen Sprung vorbei!»

Zeigt sie sich solcherart gewogen,
wird er zur Rechenschaft gezogen.
Zur Strafe – drauf war er gefasst –
sitzt er nun wegen ihr im Knast

und ist ihr, das scheint sonnenklar,
verfallen längst mit Haut und Haar.
Und während er dort im Arrest
die Rose innig an sich presst,
hofft er, dieweil die Zeit entflieht,
dass er sie recht bald wiedersieht.

In einer Kneipe vor Sevilla
trinkt man den besten Manzanilla.
Dort trifft man sich, da geht man hin,
ja, die Bodega, die ist *in*.
Man sieht dort Damen, Offiziere,
Zigeunermädchen, Kavaliere
und Carmen – die ist auch dabei.
Es heißt, José ist wieder frei.
Sie ist verliebt in den Sergeanten,
erzählt sie Freunden und Bekannten.
Sie alle sitzen da beim Wein.
Auch Escamillo kommt herein,
ein Matador, den jeder kennt.
Der Mann ist wirklich prominent.
Ein Muskelprotz, sehr selbstbewusst,
mit ständig stolzgeschwellter Brust.
Ist auch sein Kopf ein wenig hohl –
in Spanien ist er ein Idol.
Wohin er kommt, da tobt der Saal,
auch hier in seinem Stammlokal,
denn tritt er auf, singt er voll Dampf
das tolle Lied: «Auf in den Kampf!»

Dann sucht er werbend Carmens Näh',
doch sie denkt nur an Don José.

Carmen

Der Matador bleibt ungerührt
und glaubt, dass sich die Schöne ziert,
empfindet deshalb nicht Verdruss,
Erfolg hat er im Überfluss.
Lässt sie ihn auch im Ungewissen –
„ich krieg sie schon", denkt er gerissen.
Und als er geht mit festem Schritt,
ziehn alle Gäste mit ihm mit.

«He, holla!», tönt es aufgeräumt,
es ist José, der ungesäumt
zu Carmen in die Schenke eilt
und gleich an ihrem Busen weilt.
Es gibt nach seiner Haftverbüßung
nun eine stürmische Begrüßung.
Danach geht Carmen auf Distanz.
Ihr Körper wiegt sich jetzt im Tanz,
voll Sinnlichkeit und Leidenschaft,
denn das beherrscht sie meisterhaft.
Sie will, wenn sie José betört,
dass er für immer ihr gehört.

Da klingt von ferne ein Signal,
und das bedeutet allzumal:
Trompeten rufen zum Appell.
José muss fort – und zwar sehr schnell.
Doch kaum hat Carmen das vernommen,
ist sie sogleich in Wut gekommen.
Lässt er sie etwa jetzt allein?
Soll das die wahre Liebe sein?
Sie schmeißt die Kastagnetten hin –
dann hat ja alles keinen Sinn!

José beteuert voller Glut,
dass sie ihm wirklich Unrecht tut
und zeigt die Rose ganz entzückt,
obzwar sie jetzt schon leicht verdrückt
noch immer ruht an seinem Herzen.
Es ist ihm Ernst – kein Grund zu scherzen!
Er singt eins seiner schönsten Lieder,
man hört es gern und immer wieder:
«Hier an dem Herzen treu geborgen
die Blume, die am frühen Morgen
entblättert, welk in Kerkerluft –
behielt sie doch den süßen Duft!»
Doch Carmen will nichts davon hören.
Er soll ihr auf der Stelle schwören,
bei ihr zu bleiben, frei zu leben,
den Militärdienst aufzugeben.

In diesem kritischen Moment
erscheint ein Mann, der vehement
hier seinerseits um Carmen freit.
Es kommt sofort zu einem Streit.
Zuniga, Leutnant der Armee,
ein Vorgesetzter von José,
ruft gleich in ärgerlichem Ton:
«Mann, hau'n Sie ab, Sie kenn' ich schon!
Verschwinden Sie, und zwar ganz schnell,
warum sind Sie nicht beim Appell?
Wie war doch gleich der werte Name?
Ich will allein sein mit der Dame!»

«Ich bleibe nicht in der Armee»,
ruft eifersüchtig Don José.

Carmen

«Für Carmen werf' ich alles hin
und geh mit ihr durch dick und dünn.
Ich will sie keinesfalls verlieren,
wir können uns ja duellieren!»

Zuniga ist nicht angenehm,
als Vorgesetzter unbequem.
Als unberechenbar verschrien,
sieht man ihn gleich den Säbel ziehn.

Voll Angst ist Carmen aufgesprungen,
José braucht Beistand notgedrungen.
Sie bittet Schmuggler und Banditen
um Hilfe für den Favoriten.
Ein paar davon, die sitzen immer
beim Kartenspiel im Hinterzimmer.

Zuniga ist sofort umstellt,
weil man hier sehr zusammenhält.
Man nimmt ihm nach dem ersten Schreck
die schon gezückte Waffe weg.
«Das ist doch keine Lebensart!»,
sagt einer von den Schmugglern hart.
Drauf setzt man einfach vor die Tür
den unerwünschten Kavalier.

Zuniga flieht nach dieser Schlappe.
Der mit der schwarzen Augenklappe
sagt zu José: «Sie dürfen bleiben,
sogar auch mal nach Hause schreiben,
doch bitte keine Ansichtskarten.
Die Polizei kann kaum erwarten,

auf diese Weise uns zu finden,
wenn wir von diesem Ort verschwinden!»
José hat keine andre Wahl –
und Carmen ist sein Ideal.
So muss er denn auf ihr Betreiben
bei ihr und diesen Schmugglern bleiben.

Sie ziehen fort in eine Schlucht,
weil man zunächst nach ihnen sucht.
Zwar war viel los gleich zu Beginn,
hier schleppt sich nun die Handlung hin.

Die Männer ziehn tagein, tagaus
zum Schmuggeln in den Wald hinaus.
Man sieht am Blinken der Laternen,
auf welchem Weg sie sich entfernen,
und, sind die Lichter neu erglommen,
dass die Banditen wiederkommen.

José, der sehnt sich nach der Stadt,
hat dieses Leben langsam satt.
Und bald schon – das war ziemlich schlüssig –
ist Carmen seiner überdrüssig.

Man sitzt herum beim Kartenlegen,
befragt das Blatt der Zukunft wegen.
Zwei Mädchen singen ein Duett
und dann mit Carmen ein Terzett.
Denn diese kann es kaum erwarten:
«Was prophezeien mir die Karten?»
Als sie's erfährt, sieht man sie wanken,
umwölkt von düsteren Gedanken.

Carmen

Sie ruft – und bleich ist ihr Gesicht –:
«Ich weiß, die Karten lügen nicht!»

Aus dem Orchester dröhnt nun tief
ein schauriges Musikmotiv.
Es zieht sich drohend durchs Geschehen,
lässt uns die Tragik hier verstehn.
Erklang am Anfang – tönt am Ende,
bedeutet stets die Schicksalswende.
Man weiß sofort, wenn es erscheint:
symbolisch ist der Tod gemeint.

Auch Escamillo kommt vorbei –
ganz unbeschwert und sorgenfrei.
Er lädt – wie könnt es anders sein –
zu seinem nächsten Stierkampf ein.
Der ist ein anderes Kaliber
als Don José und diese Schieber.
Und Carmen, die nicht treu sein kann,
verliebt sich nun in diesen Mann.
Denn als Torero große Klasse,
begeistert er die breite Masse.
Und wenn das erste Bravo fällt,
spürt sie den Glanz der großen Welt.
Sie ist stets angenehm erregt,
wenn er den Glitzeranzug trägt.
Die Tracht ist fast in jedem Land,
nicht nur in Spanien, gut bekannt,
denn so gekleidet geht man hier
zum Kampf mit einem wilden Stier.

Und Carmen hat – was ihr gefällt –
nun endlich einen Kerl mit Geld,

gedenkt nicht mehr der dunklen Schatten –
sei's, dass die Karten Unrecht hatten.

Sie lebt an Escamillos Seite.
Das mit José war eine Pleite.
Doch als sie zur Arena geht,
ist er es, der im Wege steht.
Er fleht mit schmerzumflortem Blick:
«Ach Carmen, komm zu mir zurück!
Wir könnten auf ein Häuschen sparen
und ab und zu ins Grüne fahren.
Vergiss doch diesen Matador –
ich stell dich meiner Mutter vor!»
Und die Musik klingt laut und schmissig,
dieweil ruft Carmen ziemlich bissig:
«Ich will zum Stierkampf, lass mich gehn,
verdammt, das musst du doch verstehn!
Du hältst mich fest an diesem Ort –
all meine Freunde sind schon dort!»
Die Augen glänzen wie im Fieber:
«Mein Escamillo ist mir lieber!»

Begeistert schreit das Volk: «Olé!»
Verzweifelt fragt sich Don José,
was findet sie bloß an dem Laffen?
Wie konnt' sie sich in den vergaffen?
«Ach Carmen, tu mir das nicht an,
i c h bin für dich der richt'ge Mann!»

Sie fasst sich wütend an den Kopf.
Ist er denn taub, der arme Tropf?

Carmen

«Begreif doch endlich, Mensch, José,
dein Typ ist längst bei mir passé!
Du bist mir leider viel zu bieder!
Nimm deine Hand von meinem Mieder!»

Das Publikum vernimmt entsetzt,
wie sie sein Ehrgefühl verletzt.
Und doch – ist es auch nicht zu fassen –
er kann von Carmen nicht mehr lassen.
«Weil mich die Liebe zu dir drängt,
hab ich dir einen Ring geschenkt
und dabei nicht aufs Geld geschaut,
denn ich betrachte dich als Braut!»

In der Arena tobt die Menge.
In allen Reihen herrscht Gedränge,
denn Escamillo dreht zur Stunde
schon seine erste Ehrenrunde.

Verachtungsvoll ist Carmens Blick.
«Ich geh nicht mehr zu dir zurück.
Ich brauch' von dir nicht Schmuck noch Zaster!»
Sie wirft den Ring aufs Kopfsteinpflaster.

Da hört sich wirklich alles auf!
Jetzt nimmt das Schicksal seinen Lauf.
José ist förmlich außer sich
und wird nun hier zum Wüterich.
«Auf in den Kampf!», erschallt es wieder.
Er zückt sein Messer, sticht sie nieder.
Das Blut färbt die Mantilla rot,
sie stöhnt nochmal, dann ist sie tot.

Carmen

Es ist, erscheint es auch suspekt,
ein Fall von Tötung im Affekt.
Natürlich hat er ihr gegrollt,
doch das hier hat er nicht gewollt.
Hat er sie grade noch verteufelt,
so starrt er jetzt – und ist verzweifelt –
auf seine blutbefleckten Hände.
Hier ist die Oper gleich zu Ende.

*

Und die Moral von der Geschichte:
Die Leidenschaft macht viel zunichte.
Will man Probleme richtig lösen,
braucht man ein ausgeglich'nes Wesen!

Der Bajazzo

Der Bajazzo

Leoncavallo, passioniert,
hat – wie man weiß – viel komponiert.
Jedoch Bajazzo will uns allen
stets als sein bestes Werk gefallen.
Und zur Musik – das ist der Clou –
schrieb er sogar den Text dazu.
Des Lebens Echtheit war sein Ziel.
Verismus nennt man diesen Stil.
Denn die Begebenheit ist wahr,
das macht uns das Programmheft klar.
Ist auch die Handlung gar nicht schön –
zwei Akte sind hier vorgesehn.
Nicht eine Ebene, nein zwei –
ein Doppelspiel ist hier dabei.
Es trifft die Fakten akkurater,
nennt man's Theater im Theater.
Mit einem Wort, ganz lapidar:
Es geht um eine Gauklerschar.

Damit man alles gut behält,
sei'n die Personen vorgestellt:
Der Canio, so erfahren wir,
ist Haupt der Komödianten hier.
Vermerkt sei auch, denn das ist wichtig,
der Mann ist chronisch eifersüchtig.
Und geht ihm manchmal etwas schief,
dann wird er auch gleich depressiv.
An den Othello denkt man oft,
weil er wie dieser unverhofft
der Gattin in den Ohren liegt,
ob sie ihn nicht vielleicht betrügt.

Der Bajazzo

Die Nedda teilt mit ihm das Bett,
ist seine Frau und sehr kokett.
Die Schöne sehn wir auf der Bühne
im zweiten Akt als Columbine.
Ob Canios Eifersucht verdrossen
hat sie längst insgeheim beschlossen,
mit einem andern wegzuziehn,
in eine schön're Welt zu fliehn.

Dann wäre da noch, apropos,
der intrigante Tonio.
Der Kerl ist bucklig und verschlagen,
man kann sich nicht mit ihm vertragen.

Wie immer kommt auch hier exakt
der erste vor dem zweiten Akt.
Der zweite hat mit Sicherheit
mit ersterem viel Ähnlichkeit.
Getrommel und Trompetenklänge
verkünden einer frohen Menge:
Die Gauklertruppe zieht heran.
Es eilt herbei, was laufen kann.
Nach all dem Lärmen, Rufen, Schrei'n
lädt Canio die Leute ein,
sich auf den Abend heut zu freu'n.
Das Possenspiel beginnt um neun.

Da sieht er plötzlich ganz genau:
Der Tonio grapscht nach seiner Frau.
Weshalb er – Lachen wird hier laut –
dem Burschen eine runterhaut.
Die Leute hänseln ihn deswegen,
doch der Bajazzo hält dagegen,

wobei er lautstark gleich verkündet,
dass er das gar nicht spaßig findet.
Auch weil's ihn, wenn man's recht bedenkt,
in seiner Mannesehre kränkt.

«Es schlägt», singt er in echtem Schmerz,
«auch in des Gauklers Brust ein Herz!»
Man spürt den Ernst in dem Gesang,
da wird selbst Nedda etwas bang.
Er geht nach diesem off'nen Wort
mit jenen Dorfbewohnern fort.

Die Frau bleibt da, sie geht nicht mit.
Zu einem Baum lenkt sie den Schritt.
Sie tut – verstehe das, wer kann –,
als ginge sie das gar nichts an.
Singt mit den Vögeln um die Wette
und wünscht, dass sie mehr Freiheit hätte.

Der Bucklige schleicht sich heran.
Er weiß, die Frau betrügt den Mann.
Und so verlangt er lästerlich
ein Schäferstündchen auch für sich.
Sie spottet seiner, lacht ihn aus.
Er aber macht sich nichts daraus,
versucht sie mit Gewalt zu küssen,
doch sie will gar nichts von ihm wissen.
Sie schlägt ihm, denn sie mag ihn nicht,
mit einer Peitsche ins Gesicht.

Das war nicht grade klug von ihr.
Der Opernfreund ahnt Schlimmes hier.
Es ist kein Wunder, wenn man hört,
dass ihr der Kerl nun Rache schwört.

Er rennt davon, sie atmet auf.
Nun nimmt das Unglück seinen Lauf.

Mit Vorsicht naht jetzt Silvio.
Sie ist darob von Herzen froh.
Ein Bauer ist's, von Herzen ehrlich.
Er weiß, sein Plan ist sehr gefährlich.
Die Schöne ist zum Glück allein –
jetzt will er um die Liebste frei'n.
Sie soll, das will er garantieren,
mit ihm ein bessres Leben führen.
Ist Nedda sonst auch flatterhaft,
ihn liebt sie voller Leidenschaft.
Und sie beginnt gleich ohne Zaudern,
mit ihm zu tändeln und zu plaudern.
Das Eheleben fällt ihr schwer,
ist ohne Liebe, trist und leer.
Sie jammert laut: «Was mach ich bloß
bei diesem sturen Trauerkloß?»
Die beiden glauben schier verblendet,
dass alles sich zum Guten wendet.
«Wir sind vereint!», so singen sie
jetzt im Duett voll Harmonie.
Doch dieses Glück ist schnell vorbei.
Entsetzt tut Nedda einen Schrei.
Ein Unglück ist gefährlich nah,
ihr Mann ist plötzlich wieder da!
Denn Tonio, boshaft und verschlagen,
konnt' seine Abfuhr nicht vertragen.
Drum hat er Canio aufgehetzt:
«Die Nedda, die betrügt dich jetzt!»
Auf Silvio stürzt der sich voll Grimm,
und sicher käme es ganz schlimm,

könnt dieser nicht, vor Angst beklommen,
im letzten Augenblick entkommen.
Und Silvio bleibt ungeschoren,
weil Canio seine Spur verloren.

Bajazzo kehrt sofort zurück.
«Wer wagte dieses Bubenstück?
Wer näherte sich meiner Frau?
Ich will es wissen, ganz genau!»
Die Eifersucht schafft viele Dramen:
Den Namen fordert er – den Namen!
Er wird ihn nicht zu wissen kriegen,
denn Nedda zeigt sich hier verschwiegen,
weil sie den Silvio wirklich liebt –
auch wenn's deswegen Ärger gibt.
Doch Canio will jetzt ganz verbissen
den Namen des Rivalen wissen.
Und fast begeht er das Verbrechen,
sein Eheweib hier zu erstechen.

Doch just im letzten Augenblick
hält ihn ein andrer Clown zurück.
Freund Beppo warnt: «Mensch, bleib bei Sinnen!
Jetzt gleich soll unser Spiel beginnen!»
Er appelliert an sein Gewissen
und hat das Messer ihm entrissen.
Verzweiflung packt den Gaukler jetzt.
Man spürt, er ist zutiefst verletzt,
wobei er keineswegs verhehlt,
dass ihm zum Spiel die Stimmung fehlt.
«Hüll dich in Tand!», so singt er hier,
doch offenbar nicht mit Plaisir.

Der Bajazzo

Er äußert sich auch mit Verdruss,
dass er sich wieder schminken muss.
Man merkt, darf man dem Eindruck traun,
dass er an seinem Job als Clown
nicht mehr die rechte Freude hat,
er hat ihn scheinbar ziemlich satt.
Und dennoch wird er sich verkleiden.
Bajazzo muss Grimassen schneiden.
Da klatschen alle in die Hände –
der erste Akt ist hier zu Ende.

*

Schon bald beginnt der zweite Akt.
Die Neugier hat das Volk gepackt.
Und wieder sehn wir das Gedränge
in einer frohgestimmten Menge.
Trompetenklang verkündet schrill,
dass man das Spiel beginnen will.
Auch Silvio sitzt angstvoll stumm
als Zuschauer im Publikum.
Man hat soeben angefangen –
Bajazzo, der ist weggegangen.
Und als verliebte Columbine
steht Nedda auf der kleinen Bühne.
Ein Harlekin hat ihr zur Nacht
ein Liebesständchen dargebracht.
Da greift sie sich vor Schreck ans Mieder,
denn, ach herrje, ihr Mann kommt wieder!
Dem Harlekin wird Angst und Bang,
und darum zögert er nicht lang,
er läuft davon, sie bleibt allein
und ruft: «Ich bin auf ewig dein!»

Der Bajazzo

Das hört Bajazzo, und wir sehn:
Um seine Fassung ist's geschehn.
Nur mühsam ward sie neu gewonnen,
doch jetzt ist sie in Nichts zerronnen.
Komödie spielt er jetzt nicht mehr.
Das, was er sagt, klingt hohl und leer.
Er fällt bald völlig aus dem Rahmen,
den Namen fordert er – den Namen!
Man glaubt, Bajazzo fordert ihn
von dem entfloh'nen Harlekin.
Doch Nedda merkt sehr bald konkret,
dass es im Grund nicht darum geht.
Es geht hier – das ist zu bedauern –
um Silvio, den jungen Bauern.
Das Doppelspiel durchschaut sie schnell.
Die Tändelei wird zum Duell.
Von seiner Eifersucht verhext,
bringt Canio nicht mehr seinen Text.
Er schreit, dass er den Namen will,
doch Nedda schweigt hier trotzig still.
Sie gibt, wie man inzwischen weiß,
den Namen Silvios nicht preis.

Die Spannung ist schier unerträglich.
Ein Spiel wie dies sieht man nicht täglich.
Bajazzo ist jetzt wie von Sinnen.
Er sieht sein Glück zu Staub zerrinnen.
Vielleicht hat ihn nervös gemacht,
dass man begeistert klatscht und lacht.

Man blickt nicht hinter die Kulissen.
Probleme will man gar nicht wissen.

Drum ist ein Clown ja so beliebt,
weil's immer was zu lachen gibt.
Auch wenn er zetert, wenn er greint,
man weiß, es ist nicht ernst gemeint.

Doch Canios Wut will nicht erlahmen.
Den Namen fordert er – den Namen!
Von seiner Eifersucht besessen,
hat er sich dann total vergessen.
Man sieht ihn jetzt ein Messer zücken:
Er stößt ihr's heftig in den Rücken.
Auch Silvio, der zu Hilfe eilt,
weil er ganz in der Nähe weilt,
wird von dem Rasenden erstochen. –
Hier hat man endlich abgebrochen.
Die Leute gehn verwirrt nach Haus.
Es ist vorbei – das Spiel ist aus!

*

Und die Moral von der Geschicht':
Verdeckt auch Schminke das Gesicht,
dass man den Menschen kaum erkennt –
er bleibt ein solcher permanent.
Wer uns ein frohes Lachen schenkt,
hat uns von Sorgen abgelenkt.
Doch soll uns hier als Lehre frommen:
Ein jeder wird gern ernst genommen!

Tosca

Tosca

Die Story hier stammt von Sardou,
Puccini schrieb Musik dazu.
In Rom spielt sich das Drama ab,
und allen winkt zum Schluss das Grab.

Die Tosca ist die Hauptfigur.
Sie singt Sopran in Moll und Dur.
Auch ist sie schön und feminin,
die Oper ist ein Evergreen.

Ein Kirchenmaler ist der Mann,
der sie sein Eigen nennen kann.
Ist sie auch manchmal launenhaft,
sie liebt ihn voller Leidenschaft.
Cavaradossi ist sein Name,
verehrt voll Inbrunst diese Dame,
die ihrerseits ihn Mario nennt,
weil sie ihn schon recht lange kennt.

Und doch gar schaurig sind die Fakten,
wir seh'n die Oper in drei Akten.

Der erste, der beginnt sofort
an einem sehr sakralen Ort.
Die Kirche dort, die kennen alle,
's ist Sant'Andrea della Valle.
Ein Bild, das unvollendet ist,
lehnt an der Wand, auch ein Gerüst.
Ein Fresskorb steht im Dämmerschein –
er wird ein Teil der Handlung sein.

Zu Anfang ist die Bühne leer,
doch was dann kommt, ist folgenschwer.

Tosca

Denn plötzlich taucht in schnellem Lauf
ein Mann in dieser Kirche auf.
Es ist, wie sich alsbald erweist,
ein Herr, der Angelotti heißt.
Der ist, auch das erfährt man schon,
grad aus der Engelsburg entfloh'n.
Man hört dann später lapidar,
dass er in Rom mal Konsul war.

Im Kirchenschiff als fromme Zelle,
da findet sich auch die Kapelle,
in der er sich vertrauensvoll
fürs Erste gleich verbergen soll.

Den Atavantis ist sie eigen,
das ist sehr wichtig, wird sich zeigen.
Seit Tagen weilte ganz diskret
dort eine Dame im Gebet.
Die Schwester hat in der Kapelle
'nen Schlüssel heimlich an der Schwelle
und Frauenkleider deponiert,
weshalb er keine Zeit verliert
und sich sofort erst mal versteckt,
damit ihn niemand hier entdeckt.

Und mag uns das auch komisch scheinen –
dem ist nicht so, es ist zum Weinen!

Es betete, erfahren wir,
die Gräfin Atavanti hier,
die schön wie die Madonna war
mit blauen Augen, blondem Haar.

Drum nahm sie Mario heimlich schnell
für eine Heil'ge als Modell.
Sie hat ihn derart inspiriert,
dass sie das Ölgemälde ziert,
das zwar noch nicht ganz fertig ist,
und doch erkennt der gute Christ:
es ist Maria Magdalen'
auf diesem Kunstwerk hier zu sehn.

Der Mesner ist nun auch zur Stelle,
ein ziemlich schmieriger Geselle,
der stets sich im Geheimen giftet
und darum manches Unheil stiftet.

Cavaradossi kommt herein.
Beim Malen ist er gern allein.
Er schickt deshalb zu diesem Zweck
nach kurzer Zeit den Mesner weg.

Das Bild zeigt zwar die blonde Frau,
und doch – sein Herz weiß ganz genau,
nur Tosca ist es, die er liebt,
auch wenn es Unterschiede gibt.
Denn bald schon finden wir heraus,
die Tosca sieht ganz anders aus.
Die Augen schwarz, so wie das Haar,
auch sie ist schön ganz offenbar.
Obwohl uns das vielleicht verwirrt,
zeigt Mario sich unbeirrt.
Er singt: «Wie sich die Bilder gleichen!»
Die Arie muss das Herz erweichen.

Tosca

Danach wird's plötzlich hier so still,
dass Angelotti fliehen will.
Er schleicht aus der Kapelle fort,
verlässt den gottgeweihten Ort.
Worauf er Mario erblickt.
Er ruft sogleich zutiefst beglückt:
«Der Himmel hat es gut gemeint,
ich finde Euch, mein teurer Freund!
Vor Scarpia bin ich auf der Flucht
und werde sicher schon gesucht.
Weil ich in Rom sein Gegner war,
ist jetzt mein Leben in Gefahr!»

Und Mario zeigt sich hilfsbereit:
«Ihr wohnt bei mir die nächste Zeit.
Im Grünen habe ich ein Haus,
dort seid Ihr sicher, ruht Euch aus.
Wenn man Euch folgt, so gebt nur Acht,
es gibt dort einen Brunnenschacht.
In diesem könnt Ihr Euch verbergen
vor Scarpia und seinen Schergen.
Ihr seid im Unglück nicht allein,
mein Beistand wird Euch sicher sein!»

Nun hört man vor dem Kirchenbau
das laute Rufen einer Frau,
die Mario sucht, sie will hinein.
Sie kommt zu einem Stelldichein.
Der sagt zum Flüchtling: «Ihr müsst gehn!
Es darf auch s i e Euch hier nicht sehn.
Seid still und sparet Eure Worte,
denn Tosca steht da vor der Pforte.

Sie ist vielleicht nicht ganz verschwiegen.
Bei Frauen kann das nahe liegen.
Hier ist, lasst mich das nicht vergessen,
ein Korb mit Wein und was zu essen!»

Freund Angelotti ist am Ende.
Verzweifelt ringt er seine Hände,
und er verzieht sich auf der Stelle
nach nebenan in die Kapelle.

Der Maler öffnet nun die Tür.
Und Tosca, voller Wissbegier,
stürzt gleich herein und fragt verdrossen:
«Warum hast du dich eingeschlossen?»
Sie ist von Eifersucht geplagt,
weshalb sie auf der Stelle fragt:
«Ist eine andre Frau im Spiel?
Gar eine, die dir auch gefiel?
Wer ist die Blonde auf dem Bild?
Ist sie's, der deine Liebe gilt?»
Doch er beruhigt sie sofort:
«Ich lieb nur dich, du hast mein Wort.
Wir werden uns heut Abend sehn,
jetzt aber musst du leider gehn!»

Sie ist darob zwar leicht verstimmt
und fragt, bevor sie Abschied nimmt:
«Fühlst du dich etwa eingeengt?»
«Nein Liebste, nur die Arbeit drängt.
Mein Herz, da kannst du sicher sein,
schlägt nur für dich – für dich allein!»
Und während sie sich an ihn schmiegt,
da sagt sie lächelnd stillvergnügt:

«Ich kann die Nacht heut kaum erwarten
in unserm Häuschen mit dem Garten,
und über uns des Himmels Sterne,
die Nachtigall singt in der Ferne …
Ich geh jetzt fort, mein Liebster, du,
doch eines lässt mir keine Ruh:
Wozu soll die Blondine taugen?
Ich bitt' dich, mal' ihr schwarze Augen!»

Cavaradossi bleibt zurück
und eilt im nächsten Augenblick
zu Angelotti sorgenvoll,
dem Freund, den er erretten soll,
der noch in der Kapelle harrt
und angstvoll ihm entgegenstarrt.

Da! – Plötzlich ein Kanonenschuss!
Was hier Gefahr bedeuten muss.
Und Angelotti ahnt erschreckt,
man hat die Flucht bereits entdeckt.
Der Maler sagt: «Ich geh mit Euch,
doch lasst uns fliehen jetzt sogleich!»

Zur Flucht bleibt leider kaum noch Zeit,
denn draußen steht die Obrigkeit.
Der Mann, der hier das Sagen hat,
ist Polizeichef dieser Stadt.
Der Kerl heißt Scarpia, ist Baron,
und gleich zu Anfang spürt man schon,
sympatisch ist der Typ hier nicht.
Er ist im Stück der Bösewicht.

Tosca

Und er ist ohne jeden Zweifel
von Grund auf schlecht – ein wahrer Teufel!

Der Mesner kommt und mit ihm Sänger,
auch eine Menge Kirchengänger.
Es findet ein Tedeum statt,
weil man den Krieg gewonnen hat.
Er sieht, der Maler ist nicht da.
Er ahnt auch nicht, was hier geschah.
Ach, könnte er sich doch verbergen
vor Scarpia und seinen Schergen!
Der herrscht den Mesner böse an:
«Wo ist er, der gesuchte Mann?
Ich nehme an, Ihr wisst es schon:
Ein Staatsgefangner ist entfloh'n!»
Und er befiehlt nun unter Fluchen,
den Häftling überall zu suchen.
All seine Häscher schwärmen aus,
durchkämmen dieses Gotteshaus.
Der Mesner zeigt ihm auf der Stelle
den leeren Korb in der Kapelle.
Und Scarpia hat sogleich entdeckt:
da liegt ein Fächer halbversteckt.
Der Polizeichef braucht nicht lang,
da sieht er den Zusammenhang,
und er erkennt dann auch in Bälde
die Frau auf jenem Ölgemälde.
Der Maler fort, der Fresskorb leer –
das Fazit daraus ist nicht schwer:
Das diente alles einem Zwecke,
die stecken unter einer Decke!

Tosca

Auch Tosca kommt nochmal zurück.
Sie sorgt sich um ihr Lebensglück.
Ob denn um alles in der Welt
der Liebste ihr die Treue hält.
Hier zeigt sich Scarpia sehr erfreut.
Er widmet Tosca etwas Zeit.
Weil man sie feiert in der Stadt
und er auf sie ein Auge hat,
umwirbt er sie mit Schmeichelei,
wie schön und auch wie fromm sie sei:
«Nicht alle Frauen sind so rein
und gottgefällig obendrein!
Seht nur, vor wenigen Sekunden
hat man den Fächer hier gefunden!
Die Atavanti ließ ihn liegen,
das dürfte als Beweis genügen,
hier trügt der allzu fromme Schein,
die Frau ging ein Verhältnis ein.
Sie ließ sich einfach porträtieren,
um diesen Maler zu verführen.»
Natürlich macht er folgerichtig
die Tosca damit eifersüchtig.
Sie schwört, weil sie das Misstrauen plagt
und Zweifel ihr am Herzen nagt:
«Ich denke hier nicht an Verzicht,
die Atavanti kriegt ihn nicht!»
Vor Kummer ist sie fast von Sinnen
und weinend eilt sie nun von hinnen.

Der Polizeichef ist zufrieden.
Er konnte seine Ränke schmieden.
Weil er die Sängerin begehrt
und ihn der Maler dabei stört,

soll der mit Angelotti sterben,
dann kann er um die Schöne werben.
Ein Mann, der sich Spoletta nennt,
ist Scarpias Geheimagent.
Und dem befiehlt er rigoros:
«Ihr eilt jetzt auf der Stelle los!
Es ist vielleicht noch nicht zu spät,
verfolgt sie, wenn sie heimwärts geht.
Ihr dürft sie keinesfalls verlieren.
Sie wird zu den Gesuchten führen!»

Und Scarpia sinkt nun auf die Knie.
„Ich hoffe, bald besitz ich sie!"
Er betet nicht, er denkt vermessen,
ja, Tosca lässt mich Gott vergessen.
Ich will des Malers Kopf als Beute
und sie in meinem Bett noch heute!

*

Der zweite Akt führt uns sofort
an einen sehr feudalen Ort.
In Roms Palazzo di Farnese
wohnt Scarpia, dieser teuflisch Böse.
Zur Zeit ist Nacht, er ist beim Essen
und ist von seinem Plan besessen,
den Maler schwer zu drangsalieren
und Tosca heut noch zu verführen.

Im ersten Stock im gleichen Haus
geht Roms Gesellschaft ein und aus.
Hier gibt auf vornehmstem Parkett
die Königin heut ein Bankett.

Tosca

Zur Unterhaltung ihrer Gäste
lud man auch Tosca zu dem Feste.
Zum Essen wird Musik erklingen,
sie soll Kantaten dazu singen.

Und oben drüber, einfach so,
hat dieser Scarpia sein Büro.
So kennt ein jeder sich gleich aus,
denn alles spielt im selben Haus.
Nun schickt er einen Schergen los:
«Die Sängerin singt ganz famos!
Du setzt dich jetzt sofort in Trab,
passt Tosca in der Einfahrt ab.
Dort gibst du ihr dann meine Karte
und sagst ihr, dass ich sie erwarte!»

Der Polizeichef ist beim Schnitzel,
da tritt Spoletta auf, sein Spitzel.
Und Scarpia fragt den Mann sofort:
«Wart Ihr erfolgreich dort vor Ort?
Hat Eure Mission geklappt?
Habt Ihr den Flüchtigen geschnappt?»
Spoletta sagt sogleich beklommen:
«Wir mussten ohne diesen kommen.
Wir haben nur den Kirchenmaler.
Doch leider – und das ist fataler –
der Angelotti ist verschwunden,
man hat ihn nirgendwo gefunden.
Cavaradossi, der ist hier. –
Auch ein Rebell, so scheint es mir.
Der Kerl benahm sich ziemlich dreist,
wodurch sich seine Schuld erweist.»

Der Maler wird heraufgebracht,
und Scarpia fragt ihn mit Bedacht,
wo jener Staatsfeind denn nun sei?
Kam er durch Marios Hilfe frei?
Der steht mit stolzgeschwellter Brust
und leugnet alles selbstbewusst.
Nun wird der Scarpia ärgerlich:
«Die Folter nützt hier sicherlich.
Sie wird Euch schon zum Reden bringen
und ein Geständnis schnell erzwingen!»

Die Tosca kommt und sieht empört,
dass man den Liebsten hier verhört.
Und Mario flüstert sorgenvoll,
dass sie bloß nichts verraten soll.
Der Bösewicht sagt voller Wut:
«Wenn er nicht redet, dann fließt Blut!
Bringt diesen Kerl nach nebenan,
damit man ihn befragen kann!»
Und während er sie heiß umwirbt,
und Tosca nun vor Angst fast stirbt,
lässt er sich überhaupt nicht stören,
den Maler peinlich zu verhören.

So hört man aus dem Nebenzimmer
manch Schreckenslaut und auch Gewimmer.
Sie kann das Stöhnen nicht ertragen
und will deshalb nun alles sagen.
Und wieder tönt ein Schmerzensschrei.
Mit Toscas Fassung ist's vorbei.
«Hört auf, den Ärmsten hier zu quälen,
das, was ich weiß, will ich erzählen!

Tosca

Ich halte das nicht länger aus!
Er ist im Brunnen hinterm Haus.
Ja, Angelotti ist versteckt,
drum hat man ihn auch nicht entdeckt!»

Wer aufpasst, fragt sich hier beflissen,
wie konnte Tosca das bloß wissen?
Sie hat ja nie danach gefragt,-
und Mario hat's ihr nicht gesagt.

Der Maler wird zurückgebracht,
von Schergen rechts und links bewacht.
«Verworfene!» so ruft er laut,
als er die Lage hier durchschaut.
«Dass du geplaudert hast, ist schlimm!»
Er stößt sie weg in wildem Grimm,
nennt treulos sie in seiner Wut,
womit er ihr gar Unrecht tut.

Ein Häscher stürzt herein ins Zimmer:
«Napoleon hat gesiegt wie immer.
Man hat sich gegen uns verschworen,
wir haben diese Schlacht verloren!»
Und Mario, statt den Mund zu halten,
freut sich darüber dergestalten,
dass er, mit einem Mal beschwingt,
ein Freiheitslied als Arie singt.
Da ruft der Chef der Polizei,
dass Mario hinzurichten sei.
Erneut soll man ihn arretieren
und ihn sofort zum Galgen führen.

Bald hört man unten Schritte hallen
und einen Trommelwirbel schallen.
Die Sängerin fällt auf die Knie.
Um Gnade fleht und bettelt sie.
Doch Scarpia, zynisch und gemein,
zeigt wiederum ein Herz aus Stein.
Er schenkt dem Mann nur dann das Leben,
ist sie bereit sich hinzugeben.
Und Tosca geht nun hier zum Schein
auf diesen miesen Handel ein.
Spoletta kommt und sagt: «Soeben
nahm Angelotti sich das Leben!»
Nunmehr ruft Scarpia entschlossen:
«Cavaradossi wird erschossen!
Doch das wird eine Täuschung sein,
man wird ihn später dann befrei'n!»
Weil Tosca ihm vertrauen soll,
sagt er sodann bedeutungsvoll:
«Wie bei Palmieri wird es sein –
man schießt auf ihn, doch nur zum Schein!»

Spoletta zeigt, bevor er geht,
dass er den Auftrag wohl versteht,
verlässt den Polizeichef hier –
der bleibt zurück mit seiner Gier.

Die Sängerin ist voller Hass,
verlangt von Scarpia einen Pass
für sich und den geliebten Mann,
dass sie ins Ausland reisen kann.
Und während dieser Unhold schreibt,
nützt sie die Zeit, die ihr verbleibt.

Tosca

Sie findet – wie verführerisch –
ein scharfes Messer auf dem Tisch.
Dies stößt sie ihm voll Wut und Schmerz
in das entmenschte Mörderherz.

Dem Opernfreund ist hier längst klar,
dass dies ein großer Fehler war.
Auch wer die Oper gar nicht kennt,
der ahnt, es gibt kein Happy End.
Doch wird man Tosca applaudieren,
denn diese Frau muss faszinieren.
Den Pass, der Freiheit Unterpfand,
reißt sie dem Toten aus der Hand.
Dann legt sie ihm noch schuldbewusst
ein Kruzifix auf seine Brust,
stellt Kerzen hin, bevor sie geht. –
Vielleicht tat sie's aus Pietät.
Sein Thema, schaurig und brutal,
ertönt nun hier zum letzten Mal.

*

Und auf den zweiten folgt exakt
unmittelbar der dritte Akt.
Man hat den Maler in der Nacht
sofort zur Engelsburg gebracht.
Von fern ein Hirtenlied verklang,
und Mario ist todesbang.
Man sieht ihn auf der Plattform sitzen.
Er singt, wie schön die Sterne blitzen,
und dass er gern am Leben bliebe
für Tosca, seine große Liebe.

Tosca

Sagt zum Sergeanten, den er rief:
«Ich schreib noch einen Abschiedsbrief.
Und weil's Euch sicher interessiert:
an Tosca ist er adressiert.
Ach, seid so gut und gebt ihn ihr,
dann kriegt Ihr einen Ring von mir.»
Er streift den Ring vom Finger ab:
«Das ist das Letzte, was ich hab.»

Spoletta tritt mit Tosca auf.
Nun nimmt das Schicksal seinen Lauf.
Die Frage stellt sich hier sofort:
Wieso ist der jetzt auch vor Ort?
Denn als das Drama angefangen,
da war er doch schon weggegangen.
Und gleichfalls geht mir durch den Sinn:
wo traf er sie, die Sängerin?
Die Logik, die man hier vermisst,
zeigt, dass sie gar nicht wichtig ist.

Und Tosca flüstert trotz der Wachen:
«Du musst dir keine Sorgen machen,
denn Scarpia verschont dein Leben,
drauf hat er mir sein Wort gegeben.
Wie bei Palmieri soll es sein,
und man erschießt dich nur zum Schein.
Ich habe einen Pass dabei,
hab keine Angst, bald bist du frei!
Vernimm die Nachricht und sei froh,
denn die Soldaten tun nur so.
Und hörst du ein paar Schüsse knallen,
dann lass dich gleich zu Boden fallen.

Sie müssen glauben, du bist tot.
Wir fliehen dann beim Morgenrot.
Sei still und bleib noch etwas liegen,
bis sie Befehl zum Abmarsch kriegen!»

Doch was der Opernfreund schon ahnt,
das hat sich hier längst angebahnt.
Wie nunmehr offenkundig ist,
gebrauchte Scarpia eine List.
Er hatte Marios Tod beschlossen;
Palmieri wurde auch erschossen!

Soldaten tun jetzt ihre Pflicht,
und Mario fällt und rührt sich nicht.
Doch Tosca ruft noch hoffnungsvoll,
dass Mario sich erheben soll.
«Steh auf, mach schnell, die Luft ist rein!
Sie zogen ab, wir sind allein!
Alsbald sieht sie, vor Schrecken starr,
dass alles eine Täuschung war.
Denn die Gemeinheit ging vor Recht,
und die Erschießung hier war echt.

Von unten hört man jetzt Rumor.
Die Häscher stürmen wild empor.
Man hat vor wenigen Sekunden
die Leiche Scarpias gefunden.
Nun will man keine Zeit verlieren,
die Sängerin zu inhaftieren.

Der Chef der Polizei war schlecht,
und auch der Pass war gar nicht echt.

Tosca

Es war ein Fehler ihm zu trauen,
auf seine Ehrlichkeit zu bauen.
War Tosca wirklich so naiv?
Na ja, die Sache ging auch schief.
Bevor der letzte Ton verklungen,
ist sie vom Turm herabgesprungen.

*

Und die Moral von der Geschicht'
ist diesmal leider ein Gerücht:
Dass hier wie dort die Polizei
dein Freund und auch dein Helfer sei!

Weil es für keinen Hoffnung gab,
sind alle tot und jetzt im Grab.
Es bleibt als Fazit, als Ergebnis:
Trotz allem war es ein Erlebnis!

Die Zauberflöte

Die Zauberflöte

Die Oper spielt im Orient,
in einem Land, das man nicht kennt.
Sie ist von Mozart, das weiß jeder,
das Textbuch stammt von Schikaneder.
Ein Märchen ist's, ein Zauberspiel,
mit Phantasie und viel Gefühl.
Und auch die Zeit ist sagenhaft,
was manches Mal Probleme schafft.
Der Text ward nämlich nach Belieben
des öfteren auch umgeschrieben.
Drum ist die Handlung ziemlich kraus,
und häufig kennt man sich nicht aus.
Auch manche Frauenfeindlichkeit
stammt hier aus Logenbruderzeit.
Freimaurer war der Schikaneder –
das floss ihm oftmals aus der Feder.

Im ersten Akt – es gibt nur zwei –
erleben wir viel Narretei.
Und zwischen Fels, auf Waldeshöh'n,
ist Prinz Tamino nun zu sehn.
Der Jüngling flieht, denn ihm ist bange
vor einer mittelgroßen Schlange.
Er kommt einher in großer Eile,
verschossen hat er seine Pfeile,
weshalb er ziemlich ängstlich ist,
dass dies Reptil ihn einfach frisst.
Er ist ein ausgewachs'ner Mann,
der mit dem Tier nicht kämpfen kann
und es darum fürs Beste hält,
dass er zunächst in Ohnmacht fällt.

Man glaubt es kaum, doch es war'n Damen,
die ihm sogleich zu Hilfe kamen.

Durch ihres Armes Tapferkeit
wird er aus der Gefahr befreit.
Die Damen zögern gar nicht lange
und töten diese böse Schlange.
D r e i Damen, um genau zu sein –
und jede hätt' ihn gern allein.
Doch keine rührt sich hier vom Fleck,
sonst schnappt die andere ihn weg.
Nach manchem Für- und Widerwort
gehn sie gemeinsam wieder fort,
damit ihn keine ganz behält.
Sie sind zudem fest angestellt
im Dienst der Königin der Nacht,
der man nun eine Meldung macht.

Da kommt ein seltsamer Gesell,
trägt auf dem Rücken ein Gestell,
ein lust'ger Bursch – nicht sehr gescheit –,
ein Vogelmensch im Federkleid,
der mit der Königin der Nacht
gelegentlich Geschäfte macht.
Er ist, so sagt der munt're Sänger,
in ihrem Dienst ein Vogelfänger.
Naiv wie er sind seine Lieder –
da kommen auch die Damen wieder.

Tamino denkt, dass offenbar
der Vogelmensch sein Retter war.
Und Papageno macht sich wichtig,
er stellt die Sache hier nicht richtig,
verlangt den ganzen Ruhm für sich.
Das macht die Damen ärgerlich.
Zur Strafe kriegt der Gernegroß
an seinen Mund ein Vorhängschloss.

«Tamino», sagen nun die Damen,
«wir sind's, die dir zur Rettung kamen.
Auch haben wir was mitgebracht:
Das schickt die Königin der Nacht!»
Und die, die ihm am nächsten stand,
drückt ihm ein Bildnis in die Hand.
Die Tochter ist darauf zu sehn,
das Abbild ist bezaubernd schön.
Und eins, zwei, drei entbrennt sein Herz
in selig süßem Liebesschmerz.

Ein Donner unterbricht die Handlung,
bringt eine himmlische Verwandlung.
Inmitten ihrer Sternenpracht
erscheint die Königin der Nacht.
Man merkt in dem Musikgetöse
sehr schnell: die Frau ist ziemlich böse.

In spitzen Tönen singt sie nur,
man nennt den Stil Koloratur.
Verzweifelt greift sie sich ans Haupt,
man hat die Tochter ihr geraubt.
«Ihr Götter, ach, wie fehlt sie mir!
Ein Bösewicht entfloh mit ihr.
Sarastro heißt der Übeltäter!» –
(Wir sehn den Priester etwas später.)
Sie singt von ihrem Mutterherzen
und diesbezüglich auch von Schmerzen.
Sie klagt so hoch und laut es geht,
weshalb man sie nur schwer versteht.
Man hat das Glück ihr fortgenommen,
da sei der Prinz grad recht gekommen!
Vertraulich nennt sie ihn hier schon,
wenn auch verfrüht: «Mein lieber Sohn!

Pamina heißt das schöne Kind,
ach, hol sie mir zurück geschwind!»
Wobei sie offenbar vergisst,
dass er von Haus aus ängstlich ist.
Er solle gehn, sie zu befrei'n,
dann wäre sie für immer sein. –

Tamino schwört, er will sie finden,
sich ewig an die Liebste binden.
Die Königin verschwindet nun,
um von der Arie auszuruhn.
Die Damen gehn und kehren wieder,
sie steigen von der Höhe nieder.
Wie immer kommen sie zu dritt
und bringen auch Geschenke mit,
wobei sie Papageno rügen,
er dürfe niemals wieder lügen.
Aus seinen Fehlern soll er lernen,
worauf sie ihm das Schloss entfernen.
Tamino soll jetzt Mut beweisen
und gleich ins Reich Sarastros reisen.
Und um vor Unheil sich zu schützen,
darf er ein Instrument benützen,
und zwar nicht irgendeine Tröte,
es ist hier eine Zauberflöte!
Um die Gefahren zu bestehn,
soll Papageno mit ihm gehn
als Diener willig brav und treu,
egal wie schwer die Prüfung sei.
Der singt nun zwar aus voller Brust,
er habe wirklich keine Lust,
doch er erhält ein Glockenspiel,
damit auch er erreicht das Ziel.

Tamino fragt: «O, saget an,
wo man Sarastro finden kann?»
Die Damen sagen: «Seid nicht bange
und zaudert nicht mehr allzu lange!
Drei Knaben, jung, schön, hold und weise,
begleiten euch auf eurer Reise.
Lebet wohl, wir müssen gehn!
Lebet wohl, auf Wiedersehn!»

Ein Szenenwechsel steht bevor,
es zeigt sich hier ein böser Mohr.
Monostatos ist gar nicht freundlich,
und meist verhält er sich recht feindlich.
Und doch erkennen wir sogleich:
wir sind nun in Sarastros Reich.
Ein Zimmer sehn wir im Palast.
Der Schwarze kommt in großer Hast.
Pamina war zuvor entfloh'n.
Monostatos hat voller Hohn
die Schöne gleich zurückgebracht,
von ihm und Sklaven scharf bewacht.
Doch nach so manchem bösen Wort
schickt er die Sklaven wieder fort.
Er will Pamina selbst bewachen,
um sich an sie heranzumachen.
Der Vogelfänger kommt herein
und nimmt den Mohr in Augenschein.
Und weil der schwarz ist, grault er sich:
«Das ist der Teufel, sicherlich!»
Und auch der Mohr ist nicht entzückt,
als er den Vogelmensch erblickt.
Monostatos schreit auf vor Schreck,
und beide laufen erst mal weg.

Doch Papageno fasst sich wieder
und lässt sich bei Pamina nieder,
erzählt, warum er hier verweilt
und dass Tamino zu ihr eilt.
Der Prinz, da könne sie drauf wetten,
käm' bald vorbei, um sie zu retten.
Als er Paminas Bild gesehn,
war es sogleich um ihn geschehn.
Weshalb auch sie in Lieb' entbrennt,
obwohl sie ihn noch gar nicht kennt.
Der Vogelmensch klagt nebenbei,
dass er noch ohne Weibchen sei.
Denn Papageno sehnet sich
nach einem weiblich zweiten Ich.
«Ich bin ja immer so allein,
muss ohne Papagena sein!»
Pamina sagt: «Sei ohne Sorgen,
vielleicht bekommst du sie schon morgen!»

Doch nun verlassen wir die Schöne,
denn es verändert sich die Szene.
Wir sehen einen Tempelhain,
Tamino kommt jetzt hier herein,
geführt von diesen netten Knaben,
die einen Ratschlag für ihn haben:
«Sei standhaft, duldsam und verschwiegen,
dann, schöner Jüngling, wirst du siegen.
Pamina wartet schon auf dich –
du kannst sie retten, sicherlich!»

Nach diesen hoffnungsfrohen Worten
eilt er nun zu den Tempelpforten.
Die Knaben sehen wir verschwinden,
Tamino will den Eingang finden.

Doch kaum erreicht er eine Tür,
verscheuchen Stimmen ihn von hier.
Umsonst versucht er dort sein Glück,
denn barsch ruft jemand laut: «Zurück!»

Da öffnet sich das Tempelhaus.
Ein alter Priester tritt heraus.
Er fragt, was Prinz Tamino wolle,
dass er sich offenbaren solle.
Der sagt: «Sarastro will ich finden,
und zwar aus ziemlich guten Gründen.
Ich hasse diesen Bösewicht,
denn gute Sitten kennt er nicht.
Er riss – und kannte kein Erbarmen –
Pamina aus den Mutterarmen!»

Der Priester sagt: «Dich täuscht Betrug.
Noch weißt du einfach nicht genug.
Sarastro – ihm sei Preis und Ruhm –
ist Chef von diesem Heiligtum.
Er ist die Güte in Person,
sitzt auf der Weisheit höchstem Thron.
Er selbst erhöre deine Klagen.
Mehr darf ich dir dazu nicht sagen.»

Und Stimmen hört man nun erklingen,
die schöne Trostesworte singen:
«Verzage nicht, ob der Beschwerden,
bald, Jüngling, wird dir Klarheit werden!»
Man sagt ihm auch: «Pamina lebt!»,
weshalb sein Herz vor Glück erbebt.
Vergessen sind jetzt alle Nöte.
Voll Dank spielt er auf seiner Flöte.

Und dieser Zauber wirkt im Nu,
selbst wilde Tiere hören zu.

Pamina lauscht dem süßen Klang.
«Ist das Tamino?», fragt sie bang.
Sie ist, weil sie den Prinzen sucht,
mit Papageno auf der Flucht.
Doch waren sie nicht gut versteckt,
der böse Mohr hat sie entdeckt.
Mit seinen Sklaven kommt er an
und hofft, dass er sie fangen kann.
Doch Papageno fragt nicht viel,
wozu hat er das Glockenspiel!
Er lässt die Glöckchen gleich erklingen,
und alle fangen an zu singen:
«Das klingt so herrlich, klingt so schön!»
Man kann sie fröhlich tanzen sehn.

Noch ehe er geendet hat,
erfährt man, dass Sarastro naht.
Den Herrscher eskortiert ein Chor,
mit einem Wagen fährt er vor.
Den ziehn nicht Pferde nach Belieben –
sechs Löwen sind hier vorgeschrieben!
Das dürfte manchmal schwierig sein,
falls das Theater etwas klein.
Man muss die Löwen reduzieren,
vielleicht auch anderes probieren.

Der Vogelmensch scheint zu verzagen,
Pamina will die Wahrheit sagen.
Mit Ehrlichkeit und off'nem Sinn
eilt sie zum Oberpriester hin.

Sie kniet sich zu Sarastros Füßen,
bereit, für ihr Vergehn zu büßen.
«Ich wollte deiner Macht entfliehn,
o, mein Gebieter, lass mich ziehn!
Monostatos ist schuld daran,
denn mich bedrängt der böse Mann!»
Das Mädchen weint: «Erhör mein Flehen,
lass mich die Mutter wiedersehen!
Wie sehr wird sie nach mir verlangen,
sich um mich sorgen, nach mir bangen.
Schön wär's, wenn du mich gehen lässt,
ach, halt mich hier nicht länger fest!»

Er meint mit segensreichen Gesten:
«Mein Kind, es ist zu deinem Besten.
Denn kehrtest du zu ihr zurück,
so kämst du um dein Lebensglück!»
Tamino wird herbeigeführt.
Pamina ist zutiefst berührt.
Und es erkennen alle zwei,
dass Liebe die Bestimmung sei.
Und sollte auch der Tod sie strafen –
welch Glück, dass sie sich endlich trafen!
Sie liegen sich hier in den Armen.
Sarastro zeigt sogleich Erbarmen:
«Stellt Hass und Rachedurst nun ein,
dann wird das Schicksal gnädig sein.
Der Prinz und Papageno zeigen,
dass sie sich hin zum Guten neigen.
Führt diese Fremden nun zu zwei'n
in unsern Weisheitstempel ein.
Geläutert seien sie zuvor!»
Ergriffen singt der Priesterchor.

Die Zauberflöte

Zum Anlass dieser schönen Feier,
erhalten beide einen Schleier.
Versöhnlich reicht man sich die Hände –
der erste Akt ist hier zu Ende.

*

Im zweiten geht es Schlag auf Schlag,
was manchmal auch verwirren mag.
Man kommt jetzt oft aus der Versenkung –
so fordert es der Szene Lenkung.
Sehr wechselhaft verläuft die Handlung,
und ständig folgt eine Verwandlung.
Man kann sich hier so manches schenken
und sich aufs Nötigste beschränken.

Wir sehen einen Palmenwald.
Die Schar der Priester kommt alsbald.
Sie gehn in feierlichem Schritte,
Sarastro schreitet in der Mitte.
Und es beschließt der hohe Rat,
dass nun die Zeit der Prüfung naht.
Der Prinz und gleichfalls sein Begleiter
erhalten hier zwei Wegbereiter.
Tamino will die Weih'n empfangen,
um höchste Weisheit zu erlangen.
«Wenn ich zum Lohn Pamina krieg',
dann führt die Prüfung mich zum Sieg!»

Ein wunderschönes Lied erklingt,
das nun der Priesterchor hier singt:
«O, Isis und Osiris schenket,
die ihr der Wandrer Schritte lenket,
der Weisheit Geist dem neuen Paar,
stärkt mit Geduld sie in Gefahr!

Nun tretet in den Tempel ein
und hütet euch vor falschem Schein!
Passt auf, ihr zwei, das gilt für jeden:
Auf keinen Fall dürft ihr hier reden,
auch keine dreiste Neugier zeigen,
was auch geschieht, ihr habt zu schweigen!
Wer sich nicht hält an das Gebot,
dem droht vielleicht sogar der Tod!»

Doch Papageno weiß zu melden,
er spiele hier nicht gern den Helden,
weshalb er lieber draußen bleibt
und anders sich die Zeit vertreibt.
Doch als man ihm ein Weib verspricht,
da weigert er sich länger nicht.
Da will auch er die Sache wagen,
und ginge es ihm an den Kragen!

Tamino sagt, er wird nicht ruh'n
und alles, was verlangt wird, tun.
Die Priester singen nun im Chor:
«Lebt wohl, ihr zwei, und seht euch vor!
Bewahret euch vor Weibertücken,
lasst euch von ihnen nicht berücken.
Macht euch nun das Gebot zu Eigen,
was auch geschieht, stets still zu schweigen!»

Aus der Versenkung steigen Damen,
dieselben, die am Anfang kamen,
und diese drei versuchen kühn,
die Männer ins Gespräch zu ziehn,
mit schönen Worten zu umgarnen
und vor der Priesterschaft zu warnen.

Der Prinz bleibt ruhig und schweigt still,
obwohl der andre plaudern will.
Denn Papageno ist ein Mann,
der seinen Mund nicht halten kann.
Tamino meint nun ärgerlich:
«Mensch, ich versteh dich wirklich nicht!
Sag, willst du dein Gelübde brechen
und mit den Weibern etwa sprechen?
Du solltest lieber standhaft sein,
sonst kannst du nicht dein Weibchen frei'n!»

Die Priester sind zutiefst empört,
dass man die Prüflinge hier stört.
«Entweiht ist diese heil'ge Schwelle,
hinab, ihr Weiber, geht zur Hölle!»
Und die drei Damen fahren nieder,
und die Versenkung hat sie wieder.
Es führen die Examensleiter
die beiden Prüflinge nun weiter.
Der Vogelmensch kann nicht verstehn,
warum soll er das hier bestehn.
«Ein Weibchen wünsch ich mir von Herzen,
doch will ich's möglichst ohne Schmerzen.
Mein Täubchen will ich endlich haben! –
Wo sind denn überhaupt die Knaben?»

Pamina – werden wir gewahr –
ist jetzt schon wieder in Gefahr.
Der Mond beleuchtet nun die Szene,
in einer Laube schläft die Schöne.
Der böse Mohr schleicht sich heran
und hofft, dass er sie haben kann.
Hier handelt sonst ein jeder gut,
ist weise und voll Edelmut.

Warum, so würde man gern wissen,
hat man den Kerl nicht rausgeschmissen?
Doch ehe er sie küssen kann,
schlägt ihn ein Donnerschlag in Bann.
Und immer, wenn es so laut kracht,
erscheint die Königin der Nacht.

Sie ist erfüllt von wilder Kränkung
und schießt empor aus der Versenkung.
Das hat die Tochter aufgeweckt.
Pamina ist gar sehr erschreckt.
Auf ihren Vorteil stets bedacht –
so ist die Königin der Nacht.
«Hier, diesen Dolch in meinen Händen
sollst du sofort dazu verwenden,
Sarastro damit hinzurichten,
mit diesem Stahl ihn zu vernichten
und mir, sobald er kam ums Leben,
den Sonnenkreis zu übergeben!
Und glaube nicht, es könnt dir glücken,
vor meinem Auftrag dich zu drücken!
Vergiss die Bande der Natur,
hör deiner Mutter Racheschwur!»
Nachdem die Königin der Nacht
voll Hass den Mordplan vorgebracht,
sieht man sie nun sogleich verschwinden,
um Widerspruch zu unterbinden.

Pamina weint: «Was mach ich nun?
Ihr Götter helft, was soll ich tun?
Ihr seht mich hier in tausend Nöten,
ich kann doch keinen Menschen töten!»
Monostatos hat ungeniert
bei diesem Vorfall spioniert.

Der Mohr, von wilder Gier besessen,
will nun Pamina hier erpressen.
Ist sie bereit, sein Bett zu teilen,
wird er nicht zu Sarastro eilen.
Sonst aber – sie braucht nur zu wählen –
dem Priester alles gleich erzählen.
Pamina willigt da nicht ein
und sagt, sie werde niemals sein.
Der Mohr will sie darauf erstechen,
um für die Abfuhr sich zu rächen.
Sarastro hält den Kerl zurück. –
Er kam im rechten Augenblick.
«Ich hatte gar nichts Böses vor»,
sagt heuchlerisch der schwarze Mohr.
Sarastro zürnt, er solle gehn!
Beim Abgang denkt der Mohr: «Na schön!
Kam ich auch hier um mein Vergnügen, –
vielleicht kann ich die Mutter kriegen!»

Sarastro, dieser weise Mann,
er sieht Pamina gütig an.
Sie ringt die Hände flehentlich:
«Bestrafe meine Mutter nicht!
Vor Schmerz muss sie von Sinnen sein.
Ich bitte dich, ihr zu verzeihn.»
Er predigt Liebe gegen Hass,
singt warm mit schönem tiefem Bass,
wobei er Hallen hier benennt,
in denen man nicht Rache kennt.
Die beiden gehn gemeinsam fort.
Wir sehn Tamino jetzt vor Ort.

Auch Papageno ist dabei,
der sagt in seiner Narretei:

«Ich finde diese Prüfung dumm!
Auch komme ich vor Durst fast um.
Ach, wäre doch das Ende nah,
nicht einmal Wasser kriegt man da!»
Doch plötzlich überläuft's ihn kalt:
Ein Weib erscheint, zerlumpt und alt,
und außerdem auch noch sehr hässlich,
mit einem Worte: einfach grässlich!
Und drückt ihm, obwohl unbekannt,
hier einen Becher in die Hand,
gefüllt mit Wasser, und zwar pur,
von Wein fehlt darin jede Spur.
«Das ist, mein Schatz, wenn du auch murrst,
das Allerbeste gegen Durst!»
Als Papageno das probiert,
ist er zunächst sehr irritiert.
Die Alte macht ihm nämlich klar,
sie zähle höchstens achtzehn Jahr'.
Zudem sei sie auch seine Braut,
worauf er ganz verdattert schaut.
Und als er sie dann recht verzagt
nach ihrem werten Namen fragt,
da dröhnt der Donner mit Getöse.
Die Götter sind anscheinend böse,
weil schwatzhaft, wie er nun mal ist,
er seine Schweigepflicht vergisst.
Es öffnet sich die Bodenschwelle,
das Weib versinkt gleich auf der Stelle.

Da endlich kommen die drei Knaben,
weil sie hier was zu singen haben:
«Das, was man euch hier abgenommen,
sollt ihr ein zweites Mal bekommen.

Tamino, Mut! – Nah ist das Ziel!
Wir bringen euch das Glockenspiel
und selbstverständlich auch die Flöte,
ihr Zauber lindert alle Nöte.
Auch kriegt ihr gleich etwas zu essen,
auf euer Wohl ward nicht vergessen!»
Aus der Versenkung mit Geklirr
kommt eine Tafel mit Geschirr.
Gar reich bestückt ist dieser Tisch
mit gutem Essen, lecker, frisch.
Dazu, wie könnt' es anders sein,
zwei Becher vollgefüllt mit Wein.
Und Papageno freut sich sehr,
er macht sich gleich darüber her.

Tamino aber will nicht essen,
weshalb er, beinah selbstvergessen,
auf seiner Zauberflöte spielt,
weil er so große Sehnsucht fühlt.

Pamina hat den Klang vernommen
und ist beglückt herbeigekommen,
steht vor des Liebsten Angesicht,
der überhaupt nicht mit ihr spricht.

Tamino winkt ihr fortzugehn,
das kann Pamina nicht verstehn.
«Kannst du mein armes Herz so kränken?
Willst du kein einz'ges Wort mir schenken?
Ist schon vorbei dein Liebeswerben?
Dann möchte ich am liebsten sterben!»
Sehr traurig flieht sie nun von hinnen
und ist vor Kummer fast von Sinnen.

Wir sehn die Priester hochzufrieden,
man steht nun zwischen Pyramiden.
Begeistert singt der Priesterchor,
die letzte Prüfung steht bevor.
Tamino wird hereingebracht,
der einen guten Eindruck macht.
Sarastro fragt: «Willst du zum andern
noch auf dem Pfad der Weisheit wandern?
Dann bringt das Mädchen nun herein,
du mögest weiter standhaft sein!»

Pamina kommt und ist verschreckt.
Ein Schleier hält ihr Haupt bedeckt.
Das Mädchen fragt: «Wo bin ich hier?
Wo ist Tamino, sagt es mir!
Darf ich den Liebsten nicht mehr sehn?»
Man ruft: «Du siehst ihn vor dir stehn!»
Sarastro sagt: «Nun müsst ihr scheiden!
Wie bitter sind der Trennung Leiden!
Tamino muss nun wieder fort
an einen unbekannten Ort.
Ihr beiden müsst verzichten lernen!»
Worauf sich alle hier entfernen.

Der Vogelfänger ist allein.
Wo mag denn nur Tamino sein?
Als er hereinkommt, fall'n im Nu
laut hinter ihm die Türen zu.
Er will hinaus. – Wo kam er rein?
Hat Angst nun eingesperrt zu sein.
Er lässt sein Glockenspiel erklingen,
beginnt sogleich ein Lied zu singen.

Wie gerne hätte er ein Weibchen,
ein sanftes, liebes, schönes Täubchen.

Das alte Weib erscheint schon wieder,
lässt sich vertraulich bei ihm nieder.
Sie sagt: «Ich will mich nun erbarmen
und dich liebkosen und umarmen.
Und kannst du dich so weit bequemen,
mich bald zur Ehefrau zu nehmen,
will ich dich an den Busen drücken,
mit meiner Gunst dich stets beglücken.
Zwar bin ich nicht mehr allzu neu,
doch dafür bleib ich dir auch treu.
Ich rate dir, dich zu beweiben,
sonst wirst du eingeschlossen bleiben.»

Er sagt zu ihr sogleich spontan:
«Ich werde wirklich gern dein Mann!
Drum reich ich quasi dir als Pfand
und zur Bekräftigung die Hand.»
Und dabei denkt er nun im Stillen:
«Na schön, ich bin dem Weib zu Willen.
Und besser eine Alte frei'n,
als eingesperrt allein zu sein!»

Sie fragt: «Und schwörst du mir auch Treue?»
Er sagt: «Das tu ich ohne Reue!»
Worauf sie auf der Stelle handelt,
sich in ein junges Weib verwandelt,
wobei es trägt die süße Maid
genau wie er ein Federkleid.
Ach, Papageno ist entzückt,
als er sein Weibchen hier erblickt.

Will Papagena gleich umfassen.
Ein Priester ruft: «Du musst sie lassen!
Weil du, was offensichtlich ist,
jetzt ihrer noch nicht würdig bist!»
Er zieht sie weg, wenn auch zum Schein,
und Papageno bleibt allein.

Nun sehn wir einen Palmengarten,
in dem die Knaben froh erwarten,
dass diese Prüfungszeit bald endet
und alles sich zum Guten wendet.
O weh, Pamina zeigt sich da. –
Die Ärmste ist dem Wahnsinn nah.
Tamino hat sie wohl verloren,
ach, wär sie lieber nicht geboren!

Der Gram bringt sie um den Verstand,
will sterben nun von eig'ner Hand,
hat doch die Königin der Nacht
der Tochter einen Dolch gebracht.
Denn nichts vermag den Schmerz zu lindern.
Die Knaben wollen das verhindern.
«Halt ein, du darfst dich nicht erstechen,
weil Götter diesen Frevel rächen.
Und sollte das Tamino sehn,
so würde er vor Leid vergehn.»

Pamina klagt: «Was wisst denn ihr! –
Warum nur sprach er nicht mit mir?»
Die Knaben müssen das verschweigen,
doch woll'n sie ihr Tamino zeigen.
«Sieh selbst, dass er den Tod nicht scheut,
nur dir hat er sein Herz geweiht.

Komm mit, wir wollen zu ihm gehn,
du sollst den Liebsten wiedersehn!»

Und wieder gibt es hier Verwandlung,
denn das verlangt nun mal die Handlung.
Inmitten von zwei Bergeshöh'n,
sind Felsenhöhlen da zu sehn.
Gefüllt mit Wasser ist die eine,
die andre glänzt im Feuerscheine.
Geharnischte – es sind hier zwei,
die führ'n Tamino nun herbei.
Sie singen: «Prinz, verzage nicht,
sei tapfer und voll Zuversicht!
Wer auf sich nimmt des Wegs Beschwerde,
den schreckt nichts mehr auf dieser Erde.
Er wird sodann imstande sein,
sich den Mysterien ganz zu weihn.
Dann wird, das können wir beschwören,
die Göttin Isis dich erhören!»

Tamino sagt: «Als Mann zu handeln,
den Weg der Tugend fortzuwandeln,
schreckt mich kein Tod, ich geb nicht auf!
Das Schicksal nehme seinen Lauf!»
Pamina ruft: «Ich muss dich sehn!
Darf ich mit dir zusammen gehn?»
Tamino ist voll Dankbarkeit:
«Ihr Männer, gern ging ich zu zweit!
Ich will nicht mein Gelöbnis brechen,
ist mir erlaubt, mit ihr zu sprechen?»

Die Männer sagen: «Ja, erlaubt!
Weil ihr an eure Liebe glaubt.

Ein Weib, das Nacht und Tod nicht scheut,
ist würdig und wird eingeweiht!»
Pamina ruft: «O, welch ein Glück!
Es lenke uns nun das Geschick.
Tamino, komm und führe mich,
jetzt mit Musik, ich bitte dich!
Die Zauberflöte soll erklingen,
und uns der Götter Hilfe bringen.
Lass uns das Instrument benützen,
es wird uns vor Gefahren schützen!»
Und beide gehn durch Feuersgluten,
danach auch durch die Wasserfluten.
Dann reichen sich die zwei die Hände,
die Zeit der Prüfung ist zu Ende.

Doch Papageno hat verdrossen
inzwischen seinen Tod beschlossen.
Er will, ein Seil in seinen Händen,
an einem Baum sein Leben enden.
Ach, oftmals wendet er den Blick
und hofft, man hält ihn noch zurück.
Es waren schließlich die drei Knaben,
die ihn zuletzt gerettet haben.
«Nun lass dein Glockenspiel erklingen!
Das wird dein Mädchen zu dir bringen!»
Und Papageno folgt dem Rat.
Er sieht sofort das Resultat,
weil Papagena hier erscheint.
Auch diese zwei sind nun vereint.
Hat Papageno auch geschwätzt,
bekommt er doch zu guter Letzt,
das lang ersehnte süße Weibchen,
im Federkleid ein sanftes Täubchen.

Wobei sich hier gleich Wünsche regen –
man hofft auf reichen Kindersegen.
Ein jeder hat sein Glück gemacht –
die Zauberflöte hat's vollbracht!

Da kommt die Königin der Nacht,
hat die drei Damen mitgebracht.
Und auch Monostatos erscheint,
dem Glück der andern spinnefeind.
Sie wollen in den Tempelhallen
den Sonnenherrscher überfallen
und seine Priesterschaft vernichten.
Doch lässt sich Gutes hier berichten:
Denn unter Blitz und Sturmgebraus
ist das Intrigenspiel nun aus.
Vernichtet ward die finstre Macht
der bösen Königin der Nacht.
Die Sonne geht nun strahlend auf –
beginnt des neuen Tages Lauf.

*

Und die Moral von der Geschicht':
Die Zauberflöte gibt es nicht.
So mancher fragt sich zwar gewitzt,
ob ein Klavier da etwas nützt.
Doch lässt sich hier verbindlich sagen:
man kann es nicht gut bei sich tragen.
Und selbst ein Waldhorn ist hier faktisch
zu groß – und deshalb gar nicht praktisch.
Man löst – ist es auch nicht bequem –
am besten selber sein Problem.

JOHANNA VON KOCZIAN, Tochter eines ehemaligen österreichischen k.u.k. Rittmeisters, absolvierte die Schauspielschule des *Mozarteums* in Salzburg mit Auszeichnung. Noch während ihrer Ausbildungszeit wurde sie von Gustav Gründgens für die *Salzburger Festspiele* entdeckt. Ein Angebot, als Elevin ans Burgtheater zu gehen, lehnte sie ab, um erst einmal den Schauspielberuf von Grund auf in der Provinz zu lernen. Sie begann in Tübingen, kam dann schon ein Jahr später an das *Schauspielhaus* in Wuppertal und wurde wiederum vor Vertragsende von dem berühmten Boleslaw Barlog nach Berlin ans *Schillertheater* verpflichtet. Dort gelang ihr in der Rolle der *Anne Frank* der große Durchbruch und das kritische Berliner Publikum nahm sie mit offenen Armen auf. Danach spielte sie dort viele klassische Rollen der Weltliteratur, bis sie dann nach München ans *Residenz-Theater* und später nach Wien an das *Theater in der Josefstadt* ging, wo sie als *Undine* einen überwältigenden Erfolg hatte.

Bald meldete sich auch der Film: nach dem Debüt in *Victor und Victoria* kamen die *Petersburger Nächte* und schließlich der mit dem *Golden Globe* ausgezeichnete Film *Wir Wunderkinder,* wofür sie mit dem Bundesfilmpreis ausgezeichnet wurde. In *Serenade einer großen Liebe* war sie die Partnerin von Mario Lanza, in *Die Ehe des Herrn Mississippi* spielte sie die weibliche Hauptrolle neben O. E. Hasse und Martin Held. Insgesamt drehte sie über ein Dutzend Filme, bis sich auch das Fernsehen meldete und ihr viele lohnende Aufgaben übertrug, u.a. *Der seidene Schuh, Emilia Galotti, Minna von Barnhelm, Jakobowski und der Oberst, Heitere Geister,* eigene Serien und viele Soloauftritte.

Doch immer wieder kehrte sie ans Theater zurück. Im Hamburger *Thaliatheater* spielte sie u.a. in *Viel Lärm um nichts, Die schöne Helena* und *Mirandolina.* Im *Theater am Kurfürstendamm* in Berlin: *Warte bis es dunkel ist, Nächstes Jahr – gleiche Zeit, Endlich allein* und *Die Kaktusblüte.* Zwischendurch wurde sie für die *Wiener Festwochen* nach Österreich geholt als *Johanna auf dem Scheiterhaufen* von Arthur Honegger.

Sie erhielt den Kunstpreis der Stadt Berlin, die *Goldene Maske* der Filmtheaterbesitzer und gleich zwei Mal den *Goldenen Vorhang* als beliebteste Schauspielerin.

Seit mehreren Jahren ist sie außerdem noch als Autorin erfolgreich – zuerst mit Kinder- und Jugendbüchern und seit einiger Zeit als Roman-Autorin für Erwachsene.

La Traviata

Lohengrin

Salome

Orpheus und Eurydike

Der Troubadour

Die Zauberflöte

Othello

Carmen

Tosca

Der Bajazzo

WEITERE MUSIKBÜCHER BEI DOBLINGER

JOHANNES BRAHMS – „MIT DEN GEDANKEN IN WIEN"

Fünf Briefe in Faksimiles, mit Erläuterungen von Otto Biba
Englische Version von Eugene Hartzell

„Die kleine Auswahl berücksichtigt die 35 Jahre, in denen Brahms Wien verbunden war, verschiedene Anlässe und verschiedene Arten von Briefpartnern in Wien. Sie wirft Schlaglichter auf den Künstler und Menschen Brahms." (Aus dem Vorwort)

28 Seiten mit Beilage, geh. Best.-Nr. 09 562
ISBN 3-900035-80-6

DES DICHTERS SAITENSPIEL – Heimito von Doderer und die Musik

Zusammengestellt und herausgegeben von Helmuth Pany

Doderers Abhandlung über den Violinvirtuosen und -pädagogen Julius Winkler, die im Reprint vorgelegt wird, wird ergänzt durch Beiträge von Engelbert Pfeiffer, Wendelin Schmidt-Dengler und Astri v. Stummer-Doderer, der Schwester des Dichters. Sie beleuchten das Verhältnis des großen österreichischen Romanciers zur Musik, deren Bauprinzipien ja in seine Romane Eingang gefunden hat.

40 Seiten, brosch., 3 Abb. Best.-Nr. 09 660
ISBN 3-900695-28-8

GÜNTHER VON NOÉ – DIE MUSIK KOMMT MIR ÄUSSERST BEKANNT VOR! Wege und Abwege der Entlehnung

Ein vergnüglich zu lesender Lehrgang über die Abgrenzung von Stileinflüssen und Anklängen gegenüber dem Plagiat und dem Zitat anhand einer Fülle von Beispielen aus allen Bereichen der Musik von den Troubadours bis zur Gegenwartsmusik.

116 Seiten, brosch. Best.-Nr. 09 561
ISBN 3-900035-88-1

HAYDN SCHREIBT BRIEFE

ausgewählt und kommentiert von H. C. Robbins Landon

Der weltbekannte Haydn-Forscher legt eine Auswahl aus den Briefen des Meisters vor und liefert so ein lebendiges Bild seiner Persönlichkeit. Mit einigen in letzter Zeit neuaufgefundenen Dokumenten!

80 Seiten, brosch. Best.-Nr. 09 657
ISBN 3-900035-54-7

FRANZ SCHUBERT – BRIEF AN DIE FREUNDE vom 8. September 1818

Faksimile, herausgegeben von Walter Obermaier
Englische Version von Paul Catty

Von den über 70 erhalten gebliebenen Briefen Schuberts ist jener an die Freunde in Wien ein schönes Dokument seiner Verbundenheit mit seinem Freundeskreis.

32 Seiten mit Beilage, geh. Best.-Nr. 09 548
ISBN 3-900035-57-1